CATALOGUE

Des Ouvrages

Composant le Fonds de Musique

De J. Frey,

Artiste de l'Académie royale de Musique,

et Succr. de MM. Chérubini, Méhul, Kreutzer, Rode et Compie.

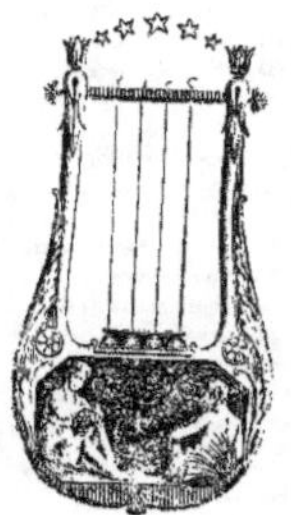

A PARIS,

PLACE DES VICTOIRES, N° 8.

DE L'IMPRIMERIE DE FIRMIN DIDOT,
IMPRIMEUR DU ROI ET DE L'INSTITUT, RUE JACOB, N° 24.

TABLE ALPHABÉTIQUE

DES ŒUVRES DE MUSIQUE CONTENUS DANS LE CATALOGUE DE J. FREY.

Supplément, page 23.

CATALOGUE

De Musique Vocale et Instrumentale,

Composant le Fonds de J. Frey,

Artiste de l'Académie Royale de Musique, Successeur de MM. Chérubini, Méhul, Kreutzer, Rode & Cie, à Paris, place des Victoires, N° 8.

Nota. Indépendamment de la musique portée sur ce catalogue, on trouvera aussi au même Magasin toute espèce de Musique ancienne et moderne, française et étrangère.

MM. les amateurs qui résident dans les villes où il n'y a point de marchand de musique, peuvent adresser directement leurs demandes au Magasin de J. Frey, en affranchissant leurs lettres; ils recevront l'envoi de toute espèce de musique franc de port, pourvu que l'œuvre demandé soit au moins au-dessus du prix marqué de 6 fr.

Il fait également les envois pour l'étranger.

Il tient aussi le Dépôt de Musique de M. SIMROCK de Bonn sur le Rhin.

Il vend et loue des instruments, tels que Violons, Forté-Pianos, Harpes, Guitares, Flûtes, etc., etc.; et tient aussi un assortiment complet de Cordes de Naples, première qualité, et généralement tout ce qui est relatif à l'art musical.

Méthodes ou Ouvrages POUR L'INSTRUCTION.

COMPOSITION.

		fr.	c.
Aimon.	*Étude élémentaire de l'harmonie*, ou nouvelle méthode, composée de 28 cartes, pour apprendre, en très-peu de temps, à connaître tous les accords et leurs principales résolutions; ouvrage agréé par Grétry	9	
Plane.	Douze leçons d'harmonie.	15	

VIOLON.

		fr.	c.
Durivage.	*Étude* ou caprice	3	
Gaviniès.	Dernre *étude* pr violon seul.	3	
Henri.	*Études* connues en deux livres (nouvelle édition, mise en trois livres), adoptées par M. Kreutzer pour l'exercice de ses élèves de l'école royale :		
	1er, contenant des gammes variées dans les 22 tons les plus usités depuis ut majeur jusques et inclus sol dièse mineur	9	
----	2e, contenant des thèmes variés dans les 22 tons les plus usités, depuis ut majeur jusques et compris sol dièse mineur	9	
----	3e, étude de la double corde, composée de gammes et caprices dans les 22 tons les plus usités, depuis ut majeur jusques et inclus sol dièse mineur	9	
Kreutzer.	40 *Études* ou caprices (nouvelle édition)	15	
Lecarpentier.	Gamme en feuille ou méthode	1	50
Martinn.	*Méthode* élémentaire, nouvelle édition, contenant les principes de musique, la manière de tenir le violon, toutes les gammes, six airs variés et six duos, avec un ajouté pour l'exercice des positions du démancher	12	
Rode.	24 *Caprices* en forme d'études dans les 24 tons de la gamme, op. 22	12	
Woldémar.	6 *Rêves* ou caprices pour violon seul, contenant, Objet de mon Amour de Gluck, varié, et le Fandang.	3	

ALTO.

		fr.	c.
Martinn.	*Méthode* élémentaire	6	

GUITARE.

		fr.	c.
Fauvel.	*Gamme* ou manche à six cordes	1	50

FORTÉ-PIANO.

		fr.	c.
Cramer.	*Études*, 2e suite, en 42 exercices	18	
Rieger.	*Gammes doigtées* dans les tons majeurs et mineurs, op. 20	3	

Suite des OUVRAGES Pr L'INSTRUCTION.

FORTÉ-PIANO.

		fr.	c.
RIEGER.	*Méthode analytique*, op. 19, en 3 parties :		
——	1re, contenant les principes généraux théoriques et pratiques, ainsi que 43 exercices et préludes pour les commençants.		
——	2e, études pour les élèves plus avancés, renfermant, outre les exercices, 149 traits divers tirés des meilleurs ouvrages classiques.		
——	3e, des morceaux choisis parmi les plus célèbres auteurs du siècle.		
	Chaque partie se vend séparément	15	
	Et les trois réunies	36	
——	*Études* composées seulement des 149 traits divers tirés parmi les meilleurs ouvrages classiques des auteurs énoncés ci-dessus, op. 22	12	
——	*Études* ou morceaux choisis parmi les plus célèbres auteurs du siècle, tels que MM. Adam, Beethoven, Clémenti, Cramer, Dusseck, Hummel, Mozart, Mozin, le prince de Prusse, Rigel, Ries, Rieger, Steibelt, Wolff, etc., op. 23.	15	
	Nota. Ces pièces sont les mêmes que dans la 3e partie de la méthode de cet auteur.		

HARPE.

		fr.	c.
PLANE.	*Principes* par J.-B. Krumpholtz, avec des exercices et des préludes d'une difficulté graduelle recueillis par Plane	12	
——	*Études*, 1er cahier	4	
——	*Id.*..., 2e *id*	4	
——	*Id.*..., 3e *id*	4	

FLUTE.

		fr.	c.
GEBAUER.	*Soixante leçons* méthodiques, nouvelle édition, avec principes élémentaires ajoutés, ainsi que gammes à clefs et cadences	12	
——	*Gamme* en feuille ou méthode	1	50

CLARINETTE.

		fr.	c.
GEBAUER.	*Soixante leçons* méthodiques, nouvelle édition, avec principes élémentaires et gammes ajoutés	12	
——	*Gamme* en feuille ou méthode	1	50

COR.

		fr.	c.
F. DUVERNOY.	*Études* pour le cor, faisant suite aux premières leçons, et suivies de trois sonates avec accompagnement de basse, op. 23	12	

FLAGEOLET.

		fr.	c.
FARRENC.	*Gamme* en feuille ou méthode	1	50

TAMBOUR DE BASQUE.

		fr.	c.
FREY.	*Méthode* ornée de gravures, par le moyen de laquelle on peut, sans secours étranger, se mettre en état d'accompagner toute espèce de musique, telle que les bacchanales de Steibelt et autres auteurs	6	

Musique d'Église.

		fr.	c.
MORISOT.	O salutaris hostia, à trois voix, avec accompagnement de flûte, cor, basson.	1	80

Partitions.

OPÉRAS EN PARTITIONS.

(Voyez pour les parties séparées pag. 4, 3e col.)

		ACTES.	fr.	c.
BATTON.	La Fenêtre secrète	3	60	
CHÉRUBINI.	Anacréon, ou l'Amour fugitif	2	50	
ÉLER.	L'Habit du chevalier de Grammont	1	40	
KREUTZER.	Aristippe	2	60	
——	François Ier	2	40	
KREUTZER et SOLIÉ.	Franc Breton	1	36	
KREUTZER.	Jadis et Aujourd'hui	1	40	
——	L'Homme sans façon	3	60	
——	Paul et Virginie	3	40	
KREUTZER et NICOLO.	Petit Page	1	36	

Suite des OPÉRAS EN PARTITIONS.

		ACTES.	fr.	c.
MOZART.	Le Nozze di Figaro, texte italien, et traduction française	4	60	
NICOLO.	Confidences	2	40	
——	Déjeûner de garçons	1	40	
——	Intrigue aux fenêtres	1	40	
——	Léonce ou le fils adoptif.	2	40	
——	Michel-Ange	1	40	
——	Médecin turc	1	40	
——	Ruse inutile	2	40	
PERSUIS.	Jérusalem délivrée	5	60	
BERTON, KREUTZER, MÉHUL, PAER	L'Oriflamme	1	60	

OUVERTURES EN PARTITIONS.

		fr.	c.
CHÉRUBINI.	Anacréon, ou l'Amour fugitif	7	50
MOZART.	Le Nozze di Figaro	7	50

Orchestre.

PARTIES SÉPARÉES D'OPÉRAS.

		fr.	c.
BATTON.	La Fenêtre secrète	50	

Suite des PARTIES SÉPARÉES D'OPÉRAS.

		fr.	c.
KREUTZER.	François Ier	36	
——	Franc Breton	30	
——	Jadis et Aujourd'hui	30	
——	L'Homme sans façon	40	
NICOLO.	Confidences	36	
——	Déjeûner de garçons	36	
——	Intrigue aux fenêtres	36	
——	Léonce, ou le Fils adoptif.	40	
——	Michel-Ange	40	
——	Médecin turc	40	
——	Ruse inutile	40	

OUVERTURES-ORCHESTRE.

		fr.	c.
CHÉRUBINI.	Anacréon	9	
——	Faniska	9	
——	Hôtellerie portugaise	9	
——	Prisonnière	9	
KREUTZER.	Baiser et Quittance	7	50
——	François Ier	7	50
——	Franc Breton	7	50
——	Jadis et Aujourd'hui	7	50
——	L'Homme sans façon	7	50
NICOLO.	Déjeûner de garçons	7	50
——	Intrigue aux fenêtres	7	50
——	Léonce, ou le Fils adoptif.	7	50
——	Michel-Ange	7	50
——	Médecin turc	7	50
——	Ruse inutile	7	50
WINTER.	Marie de Montalban	7	50

Symphonies concertantes.

DIVERS INSTRUMENTS.

		fr.	c.
BRAUN.	Pour 2 cors en mi majeur.	9	
KREUTZER.	2e lettre A pour 2 violons en mi majeur..........	9	
——	2e lettre A pour 2 pianos.	9	
MARTINN.	1re...... pour flûte, hautbois, basson..........	9	
——	1re...... pour 2 flûtes et basson..............	9	
——	1re...... pour flûte, clarinette, basson.........	9	
RIEGER.	1re...... pour piano et violon, op. 8..........	12	

Musique pour le Violon.

MÉTHODES, ÉTUDES ET CAPRICES.

		fr.	c.
DURIVAGE.	Étude ou caprices.......	3	
GAVINIÈS.	Dernière étude pour violon seul..................	3	
HENRY.	*Études* (nouvelle édition, en 3 livres) adoptées par M. Kreutzer pour l'exercice de ses élèves de l'école royale,		
——	1re, contenant des gammes variées dans les 22 tons les plus usités, depuis ut majeur jusques et inclus sol dièse mineur............	9	
——	2e, contenant des thèmes variés dans les 22 tons les plus usités, depuis ut majeur jusques et compris sol dièse mineur.......	9	
——	3e, étude de la double corde, composée de gammes et caprices dans les 22 tons les plus usités, depuis ut majeur jusques et inclus sol dièse mineur........	9	
KREUTZER.	40 *études* ou caprices, nouvelle édition..........	15	
LECARPENTIER.	Gamme en feuille, ou méthode..............	1	50
MARTINN.	*Méthode élémentaire*, nouvelle édition, contenant les principes de la musique, la manière de tenir le violon, toutes les gammes, 6 airs variés et 6 duos, avec un ajouté pour l'exercice des positions du démancher..............	12	

Suite du VIOLON.

MÉTHODES, ÉTUDES ET CAPRICES.

		fr.	c.
RODE.	24 *caprices* en forme d'études dans les 24 tons de la gamme, op. 22.......	12	
WOLDÉMAR.	6 *rêves* ou caprices pour violon seul, contenant, Objet de mon Amour, de Gluck, varié, et le Fandango................	3	

SYMPHONIES CONCERTANTES.

		fr.	c.
KREUTZER.	2e lettre A pour deux violons, en mi maj........	9	

CONCERTOS.

		fr.	c.
AUBER.	1er, en ré maj..........	9	
DUFRÊNE.	4e, en la min..........	9	
KREUTZER.	A.... ré maj..........	9	
——	B.... mi maj..........	9	
——	C.... la maj..........	9	
——	D.... mi min..........	9	
——	E.... sol maj..........	9	
——	F.... mi min..........	9	
LIBON.	2e.... ut maj..........	9	
RODE.	7e.... la min., op. 8....	9	
——	8e.... mi min., op. 11...	9	
——	9e.... ut maj., op. 17...	9	
——	10e... si min., op. 19....	9	
VIOTTI.	A.... mi maj..........	9	
——	B.... la min..........	10	
——	C.... sol maj..........	9	
——	D.... si min..........	10	
——	E.... la min..........	9	
——	F.... si bémol maj.....	9	
WOLDEMAR.	1re.. la min..........	9	
——	2e.... mi maj..........	9	
——	3e.... ré min..........	9	

QUATUORS.

		fr.	c.
AIMON.	3 quatuors dédiés à Boucher.......... 4e livre.	9	
——	Collection des 12 nouveaux quatuors en 4 livraisons,		
——	1re, sous le titre de 5e livre.	9	
——	2e, *id*.......... 6e livre.	9	
——	3e, *id*.......... 7e livre.	9	
——	4e, *id*.......... 8e livre.	9	
HAYDN.	2 quatuors, op. 77......	7	50
KREUTZER.	3 livre.................	12	
MOZART.	Tirés des sonates piano, op 2................	9	
MONIOT.	Un seul en mi bémol, no 1.	5	
RODE.	1re, 2e, 3e, connus, op. 14, 15, 16, réunis en 1 seul livre, intitulé Sonates brill.	12	
ROUX.	Un seul en si bémol, 1re livraison..............	4	50
VIOTTI.	3 quatuors, lettre A.....	9	

Suite du VIOLON.

OUVERTURES EN QUATUORS.

		fr.	c.
NICOLO.	Confidences............	3	
——	Michel-Ange............	3	
——	Médecin turc...........	3	

TRIOS A DEUX VIOLONS ET BASSE.

		fr.	c.
DEMONCHY.	1er trio concertant, dédié à Habeneck............	4	50
KREUTZER.	1er livre, ou lettre A....	9	
——	2e *id*...., ou..... B....	9	
MAZAS.	1er *id*., op. 4, pour 2 violons (basse ou alto)....	9	
VIOTTI.	Op. 17................	9	
——	Op. 18................	9	
——	Op. 19................	9	

DUOS.

		fr.	c.
BRUNI.	Trois duos, op. 9........	7	50
DE MAISONVILLE, aveugle.	Op. 1er, dédié à Kreutzer aîné...	7	50
FRANCISQUE.	Trois duos faciles, et le dernier pouvant s'exécuter en trio par le moyen d'une partie de basse ajoutée, 1er livre..........	5	
GASSE.	2e livre, faciles.........	6	
——	3e *id*.... *id*...........	6	
——	4e grand duo concertant..	7	50
KREUTZER.	Lettre D...............	6	
MARTINN.	Op. 8, faciles...........	6	
——	« 14, grands duos......	7	50
——	« 15, faciles...........	6	
——	« 17, grands duos......	7	50
——	« 18, faciles...........	6	
——	« 19, *id*., tirés de la méthode..............	6	
——	« 21, faciles...........	6	
——	« 22, *id*..............	6	
——	« 23.................	6	
MOLINO.	Lettre A..............	7	50
PERRET.	Op. 1er...............	7	50
RODE.	2e livre, op. 18........	7	50
VIOTTI.	Op. 6.................	6	
——	« 7.................	6	
——	« 19.................	7	50
——	« 20.................	7	50
——	« 21.................	7	50
——	« 22.................	7	50

OUVERTURES EN DUOS

POUR DEUX VIOLONS, à 1 fr. 80 c.

—— Anacréon.
—— Aristippe.
—— Baiser et Quittance.
—— Caravane.
—— Chevalier de Grammont,
—— Confidences.
—— Démophon.
—— Hôtellerie portugaise.
—— Intrigue aux fenêtres.

Suite du VIOLON.

OUVERTURES EN DUOS, 1 fr. 80 c.

VIOTTI. Jadis.
—— Iphigénie en Aulide.
—— Léonce.
—— Marie de Montalban.
—— Michel-Ange.
—— Médecin turc.
—— Prisonniere.
—— Petit Page.
—— Ruse.

DUOS D'AIRS D'OPÉRAS
ET EN POT-POURRI.

fr. c.
—— Airs des Confidences..... 6
—— *Id.* Intrigue........... 5
—— *Id.* Léonce............ 5
—— *Id.* Médecin turc........ 6
—— *Id.* Michel-Ange........ 6
—— Pot-pourri des airs de Michel-Ange............ 3

SONATES.

fr. c.
KREUTZER. A, faciles............. 7 50
—— B, *id.*................ 7 50
MARTINN. Op. 20, faciles, 1er livre.. 5
—— *Id.* 20, *id.*..., 2e livre.. 5
PUGNANI. Op. 6, nouvelle édition, avec le portrait de l'aut^r^. 7 50
VIOTTI. A.................... 7 50
—— B.................... 7 50

VARIATIONS.

BERNARD. 3 thèmes, avec accompagnement de violon, alto et basse 7 50
DUFRESNE. 3e pot-pourri, avec accompagnement de violon, alto et basse............... 3
DURIVAGE. Air varié (Lise chantait dans la prairie), avec accompagnement d'un 2e violon, alto et basse........... 3
HABENECK aîné. Vive Henri IV, avec accompagnement de deux violons, alto et basse... 6
KREUTZER aîné. Montanyas regaladas, air des paysans du Canigou, avec accompagnement d'orchestre........... 6
MAZAS. 1er thème, avec accompagnement d'orchestre, de quatuor ou de forté-piano. 7 50
—— 1re fantaisie, *id.*........ 6
MARTINN. 1er livre pour 2 violons, tirés de la méthode..... 6
RODE. Thème varié en sol majeur, op. 9, et un andante en la mineur, op. 12, réunis en un seul livre, formant les n°s 1 et 2 des airs variés, avec accompagnement de violon, alto et basse (ou accompagnement de forté-piano seulement)....... 6

Suite du VIOLON.

VARIATIONS.

fr. c.
RODE. 3e Thème varié, en mi maj., avec accompagnement d'orchestre (instruments à vent *ad libitum*, ou avec accompagnement de forté-piano seulement), op. 10.............. 7 50
—— 4e thème varié, en la majeur, avec accompagnement d'orchestre (instruments à vent *ad libitum*, ou avec accompagnement de forté-piano seulement), op. 21................ 9
—— 5e thème varié, en ré maj., avec accompagnement de violon, alto et basse (ou accompagnement de forté-piano seulement), tiré des quatuors, op. 14, 15, 16. 6
WACHER. *Pour toi*, romance variée, avec accompagnement d'un violon *ad libitum*....... 3 50

AIRS EN RECUEILS
SANS VARIATIONS.

LECARPENT^r^. N° 1, pour 1 ou 2 violons. 1 50
—— N° 2, *id.*............. 1 50
—— N° 3, *id.*............. 1 50

CONTRE-DANSES
ET VALSES.

BAUDOUIN, Chef d'orchestre à Tivoli. 1er recueil, contredanses et valses pour 2 violons. 3 75
—— 6e *id.* avec accompagnement de violon, alto et basse *ad libitum*...... 3 75

Musique

POUR LA BASSE OU VIOLONCELLE.

CONCERTOS.

fr. c.
BAUDIOT. 1er, en ré min.......... 9
—— 2e, en la min.......... 9
BERGER. 3e, en ré maj. 9
V. FENZI. 1re, en ré min.......... 9
HUS-DEFORGE. 4e, en mi min........ 9

TRIOS

Pour violoncelle obligé, avec accompagnement de violon et basse.

BERGER. 1er œuvre de trois réunis connus, 1er, 2e, 3e..... 9
—— 2e œuvre de trois réunis connus, 1, 2, 3e livre... 9

Suite de la BASSE.

DUOS
POUR 2 VIOLONCELLES.

fr. c.
BERGER. Op. 39, 1re livraison..... 7 50
—— *Id.*. *id.*. 2e livraison..... 7 50
DANZI. 24 duos faciles sur des airs de Mozart............ 6
LINDLEY. 3 duos, 1er livre........ 7 50
LAGNEAU. Duos faciles, op. 5...... 7 50
PORTA. 6 duos très-faciles, 1er livre................. 7 50

SONATES ET SOLOS.

BERGER. Sonates, œuvre A, composé de 3 réunis, connus 1er, 2e, 3e livre............ 7 50
—— Sonates, œuvre B, composé de 3 réunis connus, 1er, 2e, 3e livre............ 7 50
LINDLEY. Solos ou sonates faciles sur la clef de fa........... 6

VARIATIONS,

POTS-POURRIS ET DIVERTISSEMENTS.

BAUDIOT. 1er pot-pourri, op. 4, avec accompagnement de deux violons, alto et basse.... 7 50
C. BAUDIOT et C. PLEYEL. Thème varié pour piano et violoncelle obligé ou violon........... ... 6
BERGER. Charmante Gabrielle, avec accompagnement du quatuor, d'une basse, ou de forté-piano........... 6
—— Vive Henri IV, avec accompagnement de violon et basse, ou de basse seulement.............. 4 50
V. FENZI. Air varié, 1er livre, avec accompagnement de violon et alto........... 3
LAGNEAU. Cantabile tiré de l'œuvre 76e d'Haydn varié, avec accompagnement de forté-piano ou basse, op. 4. 4 50
STIASTNY. Divertissement pour violoncelle principal, avec accompagnement d'alto et basse, op. 3........ 6

Musique pour l'Alto.

MÉTHODES.

fr. c.
MARTINN. Méthode élémentaire.... 6

DUOS.

MARTINN. Op. 24, faciles pour deux altos, 1er livre........ 6
—— Op. id. id. . id. 2e livre. 6

SONATES.

—— 1er livre, pour alto..... 5

Musique

POUR GUITARE OU LYRE.

fr. c.

A***. *Gamme* et principes, en feuille. 1 50

CARULLI. Divertissement pour guitare seule, op. 85. . . . . 4 50

—— Étrennes aux graces. Recueil contenant 10 préludes, contredanses avec figures, valses, et trois airs variés (ouvrage facile et brillant), op. 93. . . . 6

CARPENTRAS. Variations pour guitare seule sur la romance de l'opéra de Joseph (A peine au sortir de l'enfance). . 1 50

LHOYER. 3 duos concertants pour 2 guitares. op. 34. 9

—— Sonate pour guitare seule, op. 12. . . . . 2 40

LINTANT. Sonates progressives, avec accompagnement d'alto. 4 50

—— 10 airs variés pour guitare seule. 3 75

Musique

POUR FORTÉ-PIANO.

GAMMES ET MÉTHODES,

ÉTUDES ET EXERCICES.

fr. c.

CRAMER. *Études*, 2ᵉ suite en 42 exercices. 18

RIEGER. *Gammes doigtées* dans les tons majeurs et mineurs, op. 20. 3

—— *Méthode analytique*, op. 19, contenant trois parties

—— La 1ʳᵉ, les principes généraux, théoriques et pratiques, ainsi que 43 exercices et préludes pour les commençants.

—— La 2ᵉ, étude pour les élèves plus avancés, renfermant outre les exercices, 149 traits divers, tirés des meilleurs ouvrages classiques.

—— La 3ᵉ, des morceaux choisis parmi les plus célèbres auteurs du siècle.

Chaque partie se vend séparément 15

Et les 3 réunies. 36

RIEGER. *Études*, composées seulement des 149 traits divers tirés des meilleurs ouvrages classiques des auteurs énoncés ci-dessous, op. 22. 12

Suite du FORTÉ-PIANO.

ÉTUDES ET EXERCICES.

RIEGER. *Études* ou morceaux choisis parmi les plus célèbres auteurs du siècle, tels que MM. Adam, Beethoven, Clémenti, Cramer, Dusseck, Hummel, Mozart, Mozin, L. F., prince de Prusse, Rigel, Ries, Rieger, Steibelt, Wolff, etc., op. 23. 15

Nota. Ces pièces sont les mêmes que dans la 3ᵉ partie de la méthode de cet auteur.

SYMPHONIES CONCERTANTES.

KREUTZER. Pour 2 forté-pianos, lettre A, en mi maj. 9

RIEGER. 1ʳᵉ, pour forté-piano et violon, op. 8. 12

CONCERTOS.

RIEGER. 2ᵉ, op. 9, en si bémol. . 9

VIOTTI. Lettre A, par Nicolo, en mi maj. 9

—— Lettre B. . . . . id., la min. 9

QUINTETTI.

DUSSECK. Pour forté-piano, violon, alto, violoncelle et basse, op. 11, 41 ou 47. 9

QUATUOR.

DUSSECK. Pour forté-piano, violon, alto et basse, op. 46 . . 9

TRIOS.

CHÉRUBINI. Pour piano, violon et basse, tirés de l'œuvre 17 de Viotti. 10 20

DOURLEN. Op. 4, pour piano, violon et basse. 5

RASETTI. 1ʳᵉ, pour piano, violon ou flût., bass. ou basson, en fa 6

—— 2ᵉ, id. . id. . id. . . . . . en ut 6

—— 3ᵉ, id. . id. . id. en si bémol 6

RIEGER. 1ʳᵉ, op. 3, id. en fa maj. . 9

DUOS ET SONATES A 4 MAINS.

DOURLEN. Duo pour piano et harpe, sur un thème de Dom Juan. 6

DUSSECK. Grand duo en mi bémol. 6

KOZELUCK. Sonate à 4 mains, op. 19, en fa maj. 4 50

MOZART. Le Maître et l'Élève. 4 50

RIEGER. 4ᵉ Nocturne, op. 5. 9

Mélange facile, op. 21. . . 4 50

RITTINGER. 6 Sonates faciles, estimées particulièrement pour l'intelligence et la mesure 5

Suite du FORTÉ-PIANO.

SONATES.

fr. c.

ADAM. Op. 12, accompagnement de violon, ou flûte, et basse, *ad libitum*. 7 50

BERG. Sonate avec accompagnement de violon ou flûte. 6

BEETHOVEN. Op. 17, avec cor ou basse. 4 50

—— Op. 30 { 1ᵉʳ liv., en ut min. 5 / 2ᵉ id. en la maj. 5 / 3ᵉ id. en sol maj. 5 }

CLEMENTI. Op. 21, avec accompagnement de violon ou flûte, *ad libitum*. 7 50

—— Op. 22, . . id. . . id. . . id. . 7 50

—— Op. 33, où se trouve la grande sonate en ut maj. 9

CRAMER. Op. 8. 6

DOURLEN. Op. 5, avec violon ou flûte 9

DUSSECK. Op. 24, avec violon ou flûte et basse. 9

—— Op. 31, faciles. 9

GUSTAVE. Op. 2. 6

L. JADIN. 8ᵉ livre de Sonates, avec violon ou flûte, et basse. 9

KREUTZER. De Psyché, par Nicolo. . . 5

LATOUR. Op. A, très facil. et doigtées 6

MOZART. Op. 2. { 1ʳᵉ partie. . . . . . 9 / 2ᵉ partie. . . . . . 9 }

NICOLAÏ. Op. 11ᵉ, faciles. 9

RIEGER. Op. 10, id., avec préludes 7 50

STEIBELT. Op. 35, violon *ad libitum* 9

—— Op. 37, . . id. . . . id. 9

—— Op. 39, avec violon, ou flûte, *ad libitum* 9

—— Op. 41, faciles. 4 50

—— Op. 42, ou 45, faciles. . . 7 50

—— Op. 69, avec violon obligé ou violoncelle ou basson 7 50

—— Op. 70 . . . . 4 50

WOLF. Op. 27, avec viol. ou flûte 9

FANTAISIES.

CALLAULT. Sur la romance de l'opéra de Joseph : *A peine au sortir de l'enfance*. 5

HUMMEL. Grande fantaisie, op. 18. 6

RIEGER. 1ʳᵉ fantaisie, sur l'air : *Partant pour la Syrie*, op. 12. 6

—— 2ᵉ fantaisie, sur l'air : *Vive Henri IV*, op. 16. 6

—— 3ᵉ fantaisie, sur l'air de Calpigi, op. 25. 6

VARIATIONS, DIVERTISSEMENTS ET RONDOS.

BEETHOVEN. Op. 34, var. 3

—— Op. 35, *id*. 5

BITTERMANN. L'agréable Souvenir, 9 var. 6

CORNU. Op. 3, *Vive Henri IV*. . . 4 50

—— Op. 4, sur le chœur d'Iphigénie : *Que d'attraits ! que de majesté !*. 5

—— Op. 6, *Charm. Gabrielle*. 4 50

Suite du FORTÉ-PIANO.

VARIATIONS, DIVERTISSEMENTS ET RONDOS.

		fr.	c.
CORNU.	Op. 8, sur la romance de Nina : *Quand le bien-aimé reviendra*........	5	
CHAULIEU.	Op. 2, sur un air allemand.	5	
CRAMER.	Étrennes aux Graces, variations sur un thème de Dom Juan............	4	50
——	La Réunion, variations sur le thème en sol de Rode.	4	50
——	Le Songe de Rousseau..	4	50
——	Le Carillon, rondo.....	3	
——	Les Menus-Plaisirs (divertissement)............	4	50
DALPI.	Op. 1er, sur un air allemand..............	3	
ÉTIENNE.	Op., thème varié.......	3	
GELINECK.	N° 2 ou 17, air : *Nel core, della Molinara*.......	3	
——	N° 4, valse du cor de poste variée...............	3	
——	N° 10 ou 50, valse de Hummel............	3	
——	N° 36, Tyrolienne......	3	50
——	N° 60, air du chalumeau de la famille suisse....	3	75
——	N° 67, valse de la reine de Prusse............	4	50
HUMMEL.	*God save the king*.......	3	
M***.	Le petit Favori, rondeau facile et brillant.......	3	
M***.	La petite surprise, divertissement facile et brill.	3	
MOZART.	*Unser dummer Pæbel meint, et zu Steffen sprach im Traume*, réunis.......	7	50
NEGREL.	Air allemand, op. 1er...	6	
NICOLO.	Air de Léonce.........	4	50
RIEGER.	Gentil hussard, ou la hongroise, op. 14.........	6	
——	Op. 4, rondeau pastoral, avec accompagnem. d'orchestre *ad libitum*.....	7	50
——	Op. 7, rondeau polonais.	5	
——	Op. 17, rondeau (*J'avais égaré mon fuseau*)....	4	50
RIES.	Rondoletto............	4	50
——	Rondeau pastoral......	4	50
STEIBELT.	Air de Léonce..........	6	
——	Polonaise en mi de Viotti avec variations........	6	
——	Air montagnard de Viotti.	6	
——	Rondeau turc..........	3	
ST.-AMANS.	Récréation lyrique, air dans le genre anglais, varié................	4	50
WOLF.	Air de Figaro..........	3	

Suite du FORTÉ-PIANO.

POTS-POURRIS.

		fr.	c.
KREUTZER.	1er, d'airs anglais.......	4	50
NICOLO	1er, *id*.....*id*..........	5	
——	2e. sur les airs du médecin turc.................	6	

BALLETS.

		fr.	c.
CHÉRUBINI.	Anacréon, air de danse..	6	
——	Achille à Scyros, 1re partie	6	
——	*Id*............ 2e *id*...	6	
——	*Id*............ 3e *id*...	6	
KREUTZER.	Aristippe, airs de danse, suivis d'un air de ballet du Triomphe de Trajan.	4	50
——	Paul et Virginie, 1re part.	6	
——	2e *id*..	6	
——	3e *id*..	6	

MARCHES ET BATAILLES.

		fr.	c.
GEBAUER.	Marches exécutées pour l'entrée de S. M. Louis XVIII à Paris.........	3	
DOUBLEN.	La Prise d'Ulm.........	4	50

CONTREDANSES ET VALSES.

		fr.	c.
BAUDOUIN et divers Auteurs.	Le Carnaval de Venise, collection de nouvelles contredanses, valses, etc., par les meilleurs auteurs. Chaque recueil est orné d'un titre litographié représentant le Carnaval de Venise.		
——	N° 1.................	3	75
——	2.................	3	75
——	3.................	3	75
——	Le Carnaval de Venise seul.		75
RIEGER.	Valse, 3e recueil, op. 11.	5	
——	*Id*.... 4e *d[o]*.... op. 24.	4	50

PIÈCES DE DIVERS CARACTÈRES.

		fr.	c.
CRAMER.	Ses adieux à ses amis de Paris................	5	
DROUET.	1er nocturne pour piano, avec accompagnement de flûte, violon ou clarin[e], sur un thème de Méhul.	4	50
RIEGER.	Réponse aux adieux de Cramer, op. 13.......	4	50
——	Nocturne sur la barcarole vénitienne, op. 18.....	6	
——	Rêve en forme de scènes, op. 15...............	7	50

OUVERTURES.

		fr.	c.
BATTON.	La Fenêtre secrète......	4	50
CHÉRUBINI.	Anacréon.............	3	60
——	Faniska..............	4	50
——	Hôtellerie portugaise....	4	
——	Prisonniere...........	3	60
CIMAROSA.	Horaces par Rieger.....	4	

Suite du FORTÉ-PIANO.

OUVERTURES.

		fr.	c.
ELER.	Habit du chevalier de Grammont...........	3	60
GLUCK.	Iphigénie en Aulide, nouvelle édition par Anson.	3	
GRÉTRY.	Caravane..............	2	50
HAYDN.	Ouverture en ré maj....	3	
KREUTZER.	Aristippe..............	3	
——	Baiser et Quittance.....	3	50
——	François Ier...........	3	60
——	Jadis et Aujourd'hui....	3	60
——	Les Surprises..........	3	60
——	L'Homme sans façon....	4	
——	Petit Page.............	3	
MOZART.	Cosi Fan tutte.........	2	40
——	Clémence de Titus......	2	40
——	Don Juan............	2	40
——	Enlèvement du sérail....	2	40
——	Figaro................	2	40
——	Flûte enchantée, ou les Mystères d'Isis........	2	40
——	Idoménée.............	2	40
NICOLO.	Confidences...........	3	60
——	Déjeûner de garçons....	3	60
——	Intrigue aux fenêtres....	3	60
——	Léonce...............	3	60
——	Médecin turc......	3	60
——	Michel-Ange..........	3	60
——	Rose inutile...........	3	60
WINTER.	Marie de Montalban....	3	
VOGEL.	Démophon............	3	

Musique pour Harpe.

MÉTHODES ET GAMMES.

		fr.	c.
KRUMPHOLTZ.	Principes avec des exercices et des préludes d'une difficulté graduelle, recueillis par Plane......	12	

ÉTUDES ET CAPRICES.

		fr.	c.
PLANE.	Etudes, 1er cahier......	4	
——	*Id*..... 2e *id*.........	4	
——	*Id*..... 3e *id*.........	4	

SYMPHONIES.

		fr.	c.
KRUMPHOLTZ.	1re, en fa maj.........		
——	2e, en sol *id*..........		

CONCERTOS.

		fr.	c.
KRUMPHOLTZ.	1er, mi bémol.........	9	
	5e, si bémol..........	9	
——	6e, fa maj...........	9	

TRIOS.

		fr.	c.
KREUTZER.	De Psyché, harpe, cor, violon..............	6	

Suite de la Harpe.

DUOS.

FANTAISIES EN DUO OU POUR HARPE SEULE.

fr. c.

Callault. 1re fantaisie, pour harpe seule, sur la romance de Joseph 5

Dalvimare. Op. 26, fantaisie pour harpe seule, sur l'air de Léonce. 6

Dourlen. Duo fantaisie, pour harpe et piano, sur un air de Dom Juan............. 6

Dusseck. Duo pour harpe et piano, en mi bémol........... 6

Hinner. Duo 1er, en mi bémol.... 6
—— *Id.* 5e, en si bémol...... 5

Plane. *Id.* 1er............en ut. 6
—— *Id.* 2e...........en mi b. 6
—— 1re fantaisie, dite la Fête champêtre 4
—— 2e *id*, harpe et piano.... 7 50
—— 3e *id.*, harpe seule, *Il pleut, bergère*.............. 4
—— 4e *id.*, harpe et cor...... 4
—— 5e *id.*, harpe et violon ... 4
—— 6e *id.*, *id*.......*id*....... 4
—— 7e *id.*, harpe et piano.... 7 50
—— 8e *id.*, *id*......*id*..(*Soyez sensible*)............. 7 50
—— 9e *id.*, harpe et violon (*Partant pour la Syrie*)...... 4
—— 10e *id.*, harpe seule, sur un air d'Armide....... 4
—— 11e *id.*, harpe et piano (marche de Saül)...... 7 50

SONATES.

Beethoven. Op. 17, pour harpe et cor ou violoncelle......... 4 50

Cardon. Op. 7, harpe et violon.... 9
—— *Id.* 22, *id*.....*id*........ 4

Delplanque. Sonate en sol mineur.. 3

Plane. 1re, en mi bémol........ 5
—— 2e, en sol mineur........ 5
—— 3e, en mi bémol......... 5
—— 4e, en si bémol.......... 5
—— 5e, en si bémol.......... 5
—— 6e, en mi bémol......... 5
—— 7e, en si bémol.......... 5
—— 8e, en fa maj............ 5

Steibelt. Op. 70, une seule....... 4 50

VARIATIONS.

Dalvimare. (Voyez duos et fantaisies en duo, ou pour harpe seule).

Dizi. Sul margine d'un rio..... 4

Hazenbrack. Air varié............. 3

Henri. Troubadour béarnais, accompagnement de violon et basse *ad libitum*..... 3

Suite de la Harpe.

VARIATIONS.

fr. c.

Plane. Air *Nel core, della Molinara* 4 75
—— Autres (voyez duos et fantaisies), 1re *colonne*.

Vernier. *Que ne suis-je la fougère*. 3

MARCHES.

Delplanque. Marche en mi bémol... 1 50

Gébauer. Trois *id.* pour l'entrée de Louis XVIII dans Paris.. 3

Plane. Marche mi bémol....... 2

CONTRE-DANSES ET VALSES.

Plane. 1er recueil............. 4 50
—— 2e *id*.................. 4 50

PIECES DE DIVERS CARACTÈRES.

Bochsa. Mélange en pot-pourri facile, op. 100, ou lettre A. 4 50

Drouet. 1er nocturne, harpe et flûte, violon ou clarinette..... 4 50

Plane. Collection des plus beaux ouvrages d'Haydn et Mozart.
—— 1re livraison {avec violon et basse *ad libit.*} 6
—— 2e *id*..........*id*..... 6
—— 3e *id*..........*id*..... 6
—— 4e *id*..........*id*..... 6
—— 5e *id*..........*id*..... 6
—— 6e *id*..........*id*..... 6
—— 7e *id*..........*id*..... 6
—— 8e *id*..........*id*..... 6
—— 9e *id*..........*id*..... 6
—— 10e *id*..........*id*..... 6
—— 11e *id*..........*id*..... 6
—— 12e *id*..........*id*..... 6

Plane. 1re nocturne........... 5

Stochaussen. Bagatelles de Bethoven pour harpe et flûte..... 4 50

OUVERTURES.

—— Cosa rara............... 3
—— Caravane................ 3
—— Démophon............... 3
—— D'Haydn................ 3
—— Panurge................ 3

Musique

POUR INSTRUMENTS A VENT.

Harmonie.

MUSIQUE MILITAIRE ET AUTRE.

OUVERTURES.

fr. c.

Chérubini. Hôtellerie portugaise, clarinette en ut.......... 7 50

Suite des Ouvertures en Harmonie.

fr. c.

Chérubini. Prisonnière, clarinette en ut. 7 50

Kreutzer. Baiser et Quitt., *id.* en ut. 7 50

Nicolo. Confidences, clarinette en ut. 7 50
—— Intrigue... *id*.... en si.. 7 50
—— Léonce.... *id*.... en si.. 7 50
—— Médecin turc, *id*... en ut. 7 50
—— Michel-Ange, *id*... en ut. 7 50

AIRS ET DIVERSES HARMONIES.

Cimarosa. *Il Matrimonio per Raggiro*,
—— 1re suite, clarinette en ut. 9
—— 2e suite, *id*...... en si. 9

Kreutzer. Airs choisis du ballet de Cléopâtre, clarinette en si.. 9
—— Paul et Virginie, et François Ier, clarinette en si.. 9

Nicolo. Airs des Confidences, clarinette en ut.......... 9
—— *Id.* Intrigues, clarinette en si.. 9
—— *Id.* Léonce... *id*.. en si.. 9
—— *Id.* Médecin turc, *id.* en ut. 9
—— *Id.* Michel-Ange, *id.* en ut. 9

Vogt. Airs du ballet de Nina et l'Epreuve villageoise, arrangés en sérénade par Vogt, clarinette en ut... 9
—— 1re sérénade sur un choix d'airs d'opéras, clarinette en si. 9

MARCHES.

Gébauer. Trois marches pour l'entrée de S. M. Louis XVIII dans Paris................ 6
—— Marches et pas redoublés, composés pour la garde royale; dédiés à Mgr. le duc de Grammont...... 7 50

Jouve. Marches et pas redoublés.. 6

Musique pour Haut-Bois.

fr. c.

Nanni Ranieri. Thême de Mozart, varié, avec accompagnement d'orchestre (instruments à vent *ad libitum*)........ 4 50

Musique pour Flute.

MÉTHODES, ÉTUDES ET GAMMES.

fr. c.

Gébauer. Soixante leçons méthodiques, nouv. édition, avec principes élémentaires et gammes à clefs et cadences 12
—— Gamme en feuille....... 1 50

Suite de la FLUTE.

SYMPHONIES CONCERTANTES.

fr. c.

MARTINN. Voyez pag. 5, col. 1re.

CONCERTOS.

DEVIENNE. 11e, en si min. 9
—— 12e et dernier, en la maj. . 9
GIANELLA. 3e, en ut maj. 9
MICHEL. 1er, en la min. 6
—— 3e, en ré min. 6
VIOTTI. Lettre C, par Devienne, en sol maj. 9
—— Lettre D, par Gianella, en si min. 9

QUATUORS.

VIOTTI. Lettre A, flûte, violon, alto et basse. 9

TRIOS.

BEZZOSI. 1er livre, pour flûte, violon et basse, par Berger. 9
—— 2e livre, pour flûte, violon et basse, par Berger. . . . 9

DUOS.

DEVIENNE. 9 livre, 2 flûtes. 7 50
—— Op. 80, *id*. 6
GEBAUER. 1er livre, faciles. 7 50
—— 2e *id*. . . . *id*. 7 50

OUVERTURES EN DUO,

POUR 2 FLUTES, à 1 fr. 80.

—— Anacréon.
—— Aristippe.
—— Baiser et Quittance.
—— Caravane.
—— Chevalier de Grammont.
—— Confidences.
—— Démophon.
—— Hôtellerie portugaise.
—— Intrigue aux fenêtres.
—— Jadis.
—— Iphigénie en Aulide.
—— Léonce.
—— Michel-Ange.
—— Marie de Montalban.
—— Médecin turc.
—— Petit Page.
—— Prisonnière.
—— Ruse inutile.

DUOS D'AIRS D'OPÉRAS

ET EN POTS-POURRIS.

—— Confidences. 5
—— Intrigue. 5
—— Médecin turc. 5
—— Michel-Ange. 5
—— Pot-pourri des airs Michel. 2

Suite de la FLUTE.

SONATES.

fr. c.

BLASIUS. Par Chalon, 1er livre. 7 50
—— *Idem*. . . . . . 2e *id*. 7 50
—— Op. 58, 1er livre. 7 50
—— *Id*. . . . . . 2e livre. 7 50
DEVIENNE. 6e *id*. 7 50
—— Six avec préludes tirés de sa méthode. 7 50
FARRENC. Op. 5. 9
GEBAUER. 1er livre. 7 50
KREUTZER. A. 6
—— B. 7 50

AIRS VARIÉS ET FANTAISIES.

DROUET. 1er nocturne, avec accompagnement de piano ou harpe, *sur un thème de Méhul*. . . 4 50
FARRENC. Op. 1er, air *Charmante Gabrielle*, varié avec accompagnement de violon, alto, basse, *ad libitum*. 4 50
—— Op. 2, deux thèmes variés de Rode, connus n° 1, 2, arrangés pour flûte, avec accompagnement de violon, alto et basse, ou de piano seulement. 6
—— Op. 3, 1re fantaisie, pour 2 flûtes, sur les airs *tyroliens*, *hongrois* et *bohémiens*. 3 75
—— Op. 4, thème varié, avec accompagnement de forté-piano obligé. 5
—— Op. 6, fantaisie pour flûte et piano, sur l'air *Que ne suis je la fougère*. 6
GUILLOUX *Vive Henri IV*, avec accompagnement de violon, alto et basse. 6
NANNI RANIERI. Thème de Mozart, varié, avec accompagnement d'orchestre, instruments à vent *ad libitum*. 4 50

AIRS EN RECUEIL

SANS VARIATIONS.

FARRENC. 1er recueil d'airs connus et choisis, arrangés pour 2 flûtes. 3
—— *Id*., les mêmes pour flûte seule. 2

CONTRE-DANSES ET VALSES.

FARRENC. Choix de contre-danses pour deux flûtes. 3 75
—— Les mêmes pour flûte seule. 2 50

Musique pour Clarinette.

MÉTHODES, ÉTUDES ET GAMMES.

fr. c.

GEBAUER. Soixante leçons méthodiques, nouv. édition, avec principes élémentaires et gammes ajoutées. 12
—— Gamme en feuille. 1 50

SYMPHONIES CONCERTANTES.

MARTINN. Voyez pag. 5, col. 1re.

CONCERTOS.

BLASIUS. 3e, en fa maj., clarc en ut. 7 50
J. MICHEL. 1er, en ut, clarinette en si. 7 50
—— 2e, en ut. . . . . . *id*. 7 50
—— 3e, en ut. . . . . . *id*. 7 50
—— 4e, en ut, clarinette en la. 7 50
W. MICHEL. 1er, en la min., clarc en ut. 6
—— 3e, en ré min. . . . . *id*. 6

QUATUORS.

J. MICHEL et VOGEL. Op. 1er, clarinette, violon, alto, basse. 9

DUOS.

GEBAUER. 2e livre, faciles. 7 50
—— 3e *id*. . . . *id*. 7 50
J. MICHEL. Op. 1er. 7 50
—— *Id*. 2e. 7 50
—— *Id*. 3e. 7 50
—— *Id*. 4e. 7 50
—— *Id*. 5e. 7 50
—— *Id*. 6e. 7 50
—— *Id*. 7e. 7 50
—— *Id*. 8e. 7 50
—— *Id*. 9e. 7 50
—— *Id*. 10e. 7 50

OUVERTURES EN DUOS,

à 1 fr. 80 c.

—— Anacréon.
—— Aristippe.
—— Baiser et Quittance.
—— Caravane.
—— Chevalier de Grammont.
—— Confidences.
—— Démophon.
—— Hôtellerie portugaise.
—— Intrigue aux fenêtres.
—— Jadis.
—— Iphigénie en Aulide.
—— Léonce.
—— Michel-Ange.
—— Médecin turc.
—— Petit Page.
—— Prisonnière.
—— Ruse inutile.

Suite de la Musique pr Clarinette.

DUOS D'AIRS D'OPÉRAS.

fr. c.

Nicolo. Confidences 5
— Intrigue 5
— Médecin turc 5
— Michel-Ange 5

SONATES.

Blasius. Op. 55, 1er livre 6
— *Id. id.*, 2e livre 6

AIRS VARIÉS.

Gambareau. Air en sol de Rode, n° 2, arrangé pour clarinette en si, avec accompagnement de violon, alto et basse, ou piano seulement 6

Nanni Ranieri. Thème de Mozart varié, avec accompagnement d'orchestre (instruments à vent *ad libitum* 4 50

AIRS EN RECUEILS
SANS VARIATIONS.

Farrenc. 1e recueil d'airs connus et choisis, arrangés pour 2 clarinettes 3
— *Id.* les mêmes pour clarinette seule 2

CONTRE-DANSES ET VALSES.

Farrenc. Choix de contre-danses et valses avec figures, pour 2 clarinettes 3 75
— Les mêmes pour clar. seule. 2 50

Musique pour le Cor.

ÉTUDES.

F. Duvernoy. Études pour le cor, op. 23, faisant suite aux premières leçons, et suivies de 3 sonates, avec accompagnement de basse. 12

SYMPHONIES CONCERTANTES.

Braun. Pour 2 cors en mi maj.... 9

CONCERTOS.

F. Duvernoy. 6e en ut maj, cor en fa. 9
Élra. 2e en fa maj., cor en fa. 9

DUOS.

F. Duvernoy. Douze petits duos tirés d'*Héléna*, *Ma tante Aurore*, *Trésor supposé*, et d'un air varié de Rode... 4 50

Suite de la Musique pour le Cor.

SONATES.

fr. c.

F. Duvernoy. Op. 24, tirées des études. 6

SOLOS.

Dauprat. Trois solos avec accompagnement de forté-piano, op. 11 et 1er de solo 9
— Deux solos et un duo pour 1er et 2e cors, avec accompagnement de forté-piano, op. 12 et 2e de solo 9

Musique pour Basson.

SYMPHONIES CONCERTANTES.

fr. c.

Voyez page 5, colonne 1re.

CONCERTOS.

L. Aimon, 2e en ré min 9

SONATES.

Blasius. Op. 57, 1er livre 6
— 2e *id.* 6
Gebauer. 1er *id* 7 50

Musique pour le Flageolet.

MÉTHODES ET GAMMES.

fr. c.

Farrenc. Gamme en feuille 1 50

AIRS EN RECUEILS.

Farrenc. 1er recueil d'airs connus et choisis, arrangés pour 2 flageolets 3
— *Id.* les mêmes pour flageolet seul 2

CONTRE-DANSES ET VALSES.

Farrenc. Choix de contre-danses et valses avec figures pour 2 flageolets 3 75
— Les mêmes pour flageolet seul 2 50

Musique
POUR LE TAMBOUR DE BASQUE.

MÉTHODES.

Frey. Méthode ornée de gravures. 6

PIÈCES DIVERSES.

Steibelt. Rondeau turc pour forté-piano, avec accompagnement de tambour de basque, d'après les principes de la méthode 3

Suite de la Musiq. pr le Tamb. de Basq.

PIÈCES DIVERSES.

fr. c.

Beaudouin. Recueil de contre-danses et valses pour forté-piano, avec accompagnement de tambour de basque, d'après les principes de la méthode 3 75
— Le Carnaval de Venise, contre-danse, avec accompagnement de tambour de basque, d'après la méthode 75

Musique Vocale.

AIRS, DUOS, ETC., D'OPÉRAS,
AVEC ACCOMPAGNEMENT D'ORCHESTRE.

Les H indiquent les morceaux chantés par les hommes.
Les F ————— femmes.

R. Kreutzer. *Abel.*

fr. c.

2. Mon Frère m'aimera (duo), 2 h. 6

Nicolo. *Confidences (les).*

2. Oui, je vaincrai (air), h. 6
3. Voilà comme dans cette vie (rondeau), h. 6
5. Que résoudre (air), f.. 6
6. Ah! ma Lisette (duo), h. f. 6
7. Dans mes moyens (trio), 2 h. f. 6

— *Intrigue aux fenêtres (l').*

1. Ah! quel plaisir (air), h. 6
2. Maudit argus (duo), 2 h. 6
3. O ma Clémence (rondeau), h. 4 50
4. Pour bien servir (air), h. 6
6. Douce et fidèle amie (romance), h. 4 50

— *Léonce, ou le Fils adoptif.*

1. Dans notre état (duo), 2 h. 6
2. L'hymen est un lien charmant (romance), h. ... 3
3. Je vis Léonce (romce), f. 3
4. Femme bien jolie (rondeau), h. 6
5. Non, non, non (air), h. 6
6. Plus de bonheur (*id.*), h. 6
7. Cher Léonce (trio), 2 h. f. 6

— *Médecin turc (le).*

3. Oui, par-tout (air), h. 6
5. A l'aimable objet (*id.*), h. 6

Suite de la MUSIQUE VOCALE.

AIRS, DUOS, ETC., D'OPÉRAS.

Médecin turc (le). (Suite.)

fr. c.

NICOLO. 7. Quelle voix (scène), h.. 6

9. Tâchez, par des (trios), h. 2 f. 6

10. Je suis jeune et française (rondeau), f. 7 50

—— *Michel-Ange.*

1. Douce mélancolie (duo), 2 f. 6

2. Amour, retrace-moi (air), h. 6

3. Son embarras me plait (duo), h. f. 6

5. A Venise, jeune fillette (barcarole), h. 3

6. Jeunes amants (air), h. 6

7. Mais parjure (air), f. . . 6

8. En me jurant (rom^ce), f. 6

9. Combien j'ai souffert (duo), h. f. 6

—— *Ruse inutile (la).*

1. Ce doux regard (rondeau), f. 6

2. Lycas aimait (rom^ce), h. 3

3. Allons, j'accepte (duo), 2 h. 6

4. Aimes-tu ta bonne maîtresse (duo), h. f. 6

Airs de Concerts,

CHANTÉS PAR M. LAYS ET Mlle BRANCHU.

NOTA. *Les h désignent les morceaux chantés par des hommes, et les f ceux chantés par des femmes.*

fr. c.

JADIN. 1. Quoi! de ce dieu (air), h. 6

2. En vain tu veux calmer (air), f. 6

3. La paix dans ces climats (air), f. 6

4. Ah! je triomphe enfin (air), h. 6

5. Chaque jour vainement (air), h. 6

6. Sur la fin d'un beau jour (air), h. 6

Partitions d'Opéras

ARRANGÉES POUR FORTÉ-PIANO EN RECUEILS.

fr. c.

CHÉRUBINI. Anacréon de Chérubini. . 15

NICOLO. Baiser et Quittance. 9

—— Confidences (les) 12

Suite des PARTITIONS D'OPÉRAS

ARRANGÉES POUR FORTÉ-PIANO EN RECUEILS.

fr. c.

NICOLO. Déjeûner de Garçons (le). 12

—— Intrigue aux fenêtres (l'). . 12

—— Léonce, ou le Fils adoptif. 12

—— Michel-Ange. 12

—— Médecin turc (le). 12

—— Ruse inutile (la). 12

Airs, Duos, etc.,

D'OPÉRAS DÉTACHÉS,

AVEC ACCOMPAGNEMENT DE FORTÉ-PIANO.

NOTA. *Les h désignent les morceaux chantés par des hommes, et les f ceux chantés par des femmes.*

R. KREUTZER. *Abel.*

fr. c.

1. L'aurore a dissipé les ombres (air), h. 3

2. Mon frère m'aimera (duo), 2 h. 3

3. Insensible aux tourments (air), f. 1 50

4. Encore cette nuit (air), f. 2 50

5. Où vais-je? (air), h. . . . 3

6. Que vois-je, Abel (duo), 2 h. 3

CHÉRUBINI. *Anacréon, ou l'Amour fugitif.*

1. Jeunes filles (air), f. ou h. 3 60

2. Je n'ai besoin (air), h. . 1 50

3. Mon père est vieux (air), f. 2 50

4. Qu'elle est heureuse! (air), h. 2

5. Dans ma verte et belle jeunesse (trio), h. 2 f. . . 4 50

6. De nos cœurs purs (quintetto), 2 h. 3 f. 4 60

7. Dansez, nymphes (air), h. 3

R. KREUTZER. *Aristippe.*

1. Pourquoi repousser les faveurs (air), h. 1 50

2. Des plaisirs permis à la terre (air), h. 1 50

3. De la fête qui s'apprête (duo), 2 h. 3

4. Unique objet de ma tendresse (duo), h. f. 3

5. Quoi! vous pourriez être amoureux (duo), h. f. . 3

6. O volupté! toi qui par tout reposes (air), h. . . 1 50

7. Qui te retient, qui t'arrête? (air), f. 2 50

8. Ah! c'en est trop (air), h. 2 50

Suite des AIRS, DUOS, etc., D'OPÉRAS,

AVEC ACCOMPAGNEMENT DE FORTÉ-PIANO.

DUPUIS. *Artiste par amour (l').*

fr. c.

1. Lorsque ma bouche (air), h. 1 50

R. KREUTZER. *Baiser et Quittance.*

1. Chantez les charmes (couplets), h. 1 50

2. Ces ouvrages (rom^ce), f. 1 50

3. A son page, ave, aye (romance), h. 2 40

4. Ce front si pur (rond.), h. 3

5. Rien n'épouvante (duo), 2 h. 3 60

PLANTADE. *Bayard à la Ferté.*

1. Lise était à la fleur de l'âge (couplets), f. 1 50

2. Messager valeureux (rondeau), f. 3

NICOLO. *Confidences (les).*

1. L'aurore (romance), h. 1 50

2. Oui, je vaincrai (air), h. 3

3. Voilà comme dans cette vie (rondeau), h. 3 60

4. Malgré ta souffrance (romance), f. 2 40

5. Que résoudre (air), f. . 3

6. Ah! ma Lisette (duo), h. f. 3 60

7. Dans mes moyens (trio), 2 h. f. 4 50

CHÉRUBINI. *Crescendo (le).*

1. Au bruit des canons (air), h. 4 50

NICOLO. *Déjeûners de garçons (les).*

1. Depuis long-temps (duo), 2 h. 3

2. Frontin, allons, ma canne (duo), 2 h. 3

3. Divinités chéries (couplets), h. 1 50

4. L'hymen est une chaîne (air), h. ou f. 1 50

5. Point d'humeur (chanson), h. 1 50

6. De ma félicité nouvelle (couplets), h. 1 50

BATTON. *Fenêtre secrète (la).*

2. En Espagne, dites-moi (couplets), par h. et f. . 2

5. Aux françaises (bolero), f. 2

8. Quand tu m'offris (romance), f. 2

9. Déjà tout sommeille (trio, sérénade), 2 h. f. 4 50

10. Quand on attend (cavatine), h. 2

Suite des AIRS, DUOS, etc., D'OPÉRAS DÉTACHÉS, AVEC ACCOMPAGNEMENT DE FORTÉ-PIANO.

MOZART. *Figaro (les Noces de).*

N°	Titre	Genre	fr.	c.
1.	Quattro, dieci............. / Quatre, douze............	duo, h. f....	1	50
2.	Se à caso madama.......... / Si de sa cruelle............	duo, h. f....	1	80
3.	Se vuol bellare............ / Mon noble sire............	air, h.......	1	50
4.	La vendetta............... / La vengeance..............	air, h.......	1	50
5.	Via resti servita........... / La dame d'affaire..........	duo, 2 f.....	1	50
6.	Non so più cosa son........ / Le tourment qui m'oppresse.	air, chérubin.	1	50
7.	Cosa sento................ / Tout-à-l'heure qu'on le.....	trio, 2 h. f...	3	60
8.	Giovani lieti.............. / Jeunes amantes............	chœur.......	1	50
9.	Non più andrai............ / Mon enfant plus de tendresse.	air, h.......	1	50
10.	Porgi amor............... / Le jaloux qui me délaisse...	air, f........	1	80
11.	Voi che sapete............. / Mon cœur soupire.........	air, chérubin.	1	50
12.	Venite inginocchiatevi...... / Restez à cette place........	air, f.......	1	80
13.	Suzanna or via sortite...... / Suzanne, que l'on sorte.....	trio, h. 2 f...	3	
14.	Aprite presto aprite........ / C'est moi, sortez bien vite...	duo, f. et chér.	1	50
15.	Esci omai garzon.......... / Parais donc, mauvais génie..	finale.......	7	50
16.	Crudel perchè finora....... / J'étais bien las d'attendre....	duo, h. f....	1	50
17.	Hai già vinto la causa....... / Tu gagneras ta cause.......	récitatif, h...	1	80
18.	Riconosci in questo......... / Viens, mon fils............	quintetto et sextuor, 4 h. 2 f..	3	60
19.	E Suzanna non vien........ / Où peut-être Suzanne.......	air..........	1	80
20.	Sù l'aria .... / Sur l'air marronnier........	duo, 2 f.....	1	50
21. 22.	Riavete o padroncina....... / Toutes les filles du village... / Ecco la marcia............ / Oui, c'est la marche........	chœur, 2 h. 2 f.	1	80
23.	Amanti costanti........... / Célébrons la gloire.........	chœur, 2 h. 2 f.	1	80
24. 25.	L'ho perduta.............. / Que de peines la Fanchette.. / Il capro e la caprera........ / La chèvre et le chevreau....	air, f........	1	80
26.	In quell' anno............. / Je croyais dans mon........	air, h.......	1	80
27.	Aprite un pò quegl' occhi.... / Amants que l'on abuse......	air, h.......	1	80
28.	Deh vienne non tardar...... / Viens, cher amant.........	air, f........	1	80
29.	Pian pianino.............. / Approchons avec mystère....	finale.......	6	

Suite des AIRS, DUOS, etc., D'OPÉRAS DÉTACHÉS, AVEC ACCOMPAGNEMENT DE FORTÉ-PIANO.

MOZART. Suite des *Noces de Figaro.*

N°	Titre	Genre	fr.	c.
30.	Al desio.................. / Viens, dépêche, ma voix....	air, f.......	1	80
31.	Ah quanti affetti........... / Ah! que d'objets..........	scène, f.....	3	

R. KREUTZER. *François I*[er]*.*

1. Je vous jurai (romance), f.................. 1 50
2. On parle de philosophie (duo), h. f.......... 3 60
3. Un jour disputant (air), h.................. 2 40
4. Charmante pupille (chasse), h............... 1 50

COSSEC. *Gabrielle.*

Charmante Gabrielle, à 1 voix.................. 1 50
Id..............., à 3 voix.................. 1 50

KREUTZER. *Homme sans façon (l').*

1. Rien ne me mécontente (couplets), h......... 1 50
2. On n'est pas ingrate (*id.*), f. h.............. 1 50
3. En vain je parle, je crie (air), f............ 1 50
4. Et toi qui pour les fuir (polonaise), f......... 3 60
5. Ah! c'est une sorcellerie (duo), h. f.......... 3 60
6. Oui, déja de mon cœur (rondeau), h.......... 3
7. Je vous l'ai dit (duo), h. f.................. 3 60
8. Comme toi, j'aime ce poëte (duo), h. f....... 3

CHÉRUBINI. *Hôtellerie portugaise (l').*

Il ne faut pas d'avance (air).... .... 1 50

NICOLO. *Intrigue aux fenêtres (l').*

1. Ah! quel plaisir (air), h.................... 3
2. Maudit argus (duo), 2 h.................... 3
3. O ma Clémence (rondeau), h................ 2 40
4. Pour bien servir (air), h.................... 3
5. Toi, dont l'amour (romance), f.............. 1 50
6. Douce et fidèle amie (*id.*), h................ 3

R. KREUTZER. *Jadis et Aujourd'hui.*

1. O fortune ennemie (air), h.................. 3
2. Voulez-vous tenter (duo), 2 h............... 3 60
3. A qui voulez-vous (couplets), f.............. 1 50
4. Pour vous bientôt (*id.*), h.................. 1 50
5. Le jour et la nuit (duo), h. f................ 3
6. On a beau dire (vaudeville)................. 1 50

NICOLO. *Jeune Mère (la).*

Dans mon cœur (duo), h. f..................... 2 40

NICOLO. *Léonce.*

1. Dans notre état (duo), 2 h.................. 2 50
2. L'hymen est un lien charmant (romance), h... 1 50
3. Je vis Léonce (romance), f.................. 1 50
4. Femme bien jolie (rondeau), h............... 2 50
5. Non, je ne suis pas fait (air), h............. 3

5 *bis*. On dit qu'il est en mariage (couplets), h... 1 50

6. Plus de bonheur (air), h.................... 3
7. Cher Léonce (trio), 2 h. f................... 3

Suite des Airs, Duos, etc., d'Opéras détachés,

AVEC ACCOMPAGNEMENT DE FORTÉ-PIANO.

Compositeur	Titre	fr.	c.
Nicolo.	*Médecin turc (le).*		
	1. Sans plaisirs (couplets), f.	1	50
	2. Les plaisirs, (*id.*), f.	1	50
	3. Oui, par-tout (air), h.	2	50
	4. C'est toujours de (romance), f.	2	40
	5. De l'aimable objet (air), h.	2	40
	6. Paradis de Mahomet (air), h.	1	50
	7. Quelle voix (scène), h.	3	
	8. Toujours guidé (couplets), h.	1	50
	9. Tâchez par (trio), h. 2 f.	4	50
	10. Je suis jeune et française (rond. ajouté), f.	3	75
----	*Michel-Ange.*		
	1. Douce mélancolie, avec trad. en ital. (duo). 2 f.	4	50
	2. Talent divin... / Amour, retrace-moi les traits... (air), h.	3	60
	3. Son embarras me plaît (duo), h. f.	3	75
	4. En me jurant d'être (rom.), f. avec finale en trio.	2	40
	5. A Venise jeune fillette (barcarolle), h.	1	50
	6. Jeunes amants qui d'amour (couplets), h.	1	50
	7. Moi parjure (air), f.	3	
	8. En me jurant (romance), f. seule	1	50
	9. Combien j'ai souffert (duo ajouté), h. f.	3	75
	Oriflamme.		
Méhul.	1. Issu d'un noble chevalier (chanson), h.	1	50
Kreutzer.	2. Pour le punir (couplets), h.	1	50
Paër.	3. Daignez, mon père (trio), 2 h. f.	3	
----	4. Compagnes de mes premiers jours (cavat.), f.	2	40
Kreutzer.	5. Gardons-nous bien (ronde)	1	50
----	*Princesse de Babylone.*		
	1. L'arc de Nembrod est celui (cavatine), h.	1	50
	2. Ne plus te voir, ô ma fille chérie (duo), h. f.	3	
	3. Vous ignorez ce qu'un sentiment (*id.*), h. f.	3	
Nicolo.	*Ruse inutile (la).*		
	1. Ce doux regard (rondeau), f.		
	2. Lycas aimait (romance), h.	1	50
	3. Allons, j'accepte la partie (duo), 2 h.	3	60
	4. Aimes-tu ta bonne maîtresse? (duo), h. f.	3	60
	5. Le bon vin donne (chanson), h.	1	50
	6. Toi qui portes dans (romance), f.	1	50
Kreutzer.	*Surprises (les), ou l'Etourdi en voyage.*		
	1. On dit qu'autrefois (romance), h.	1	50
	2. On se tourmente (couplets), h.	1	50
	3. Vous êtes vif (couplets), f.	1	50
Mélesville.	*Virelai*, mélodrame.		
	1. N'a besoin de richesse, h.	1	50
----	*Visite à Bedlam.*		
	1. Une sur-tout fraîche et jolie (couplets)	1	50
	2. Enfin donc un ciel plus doux (*id.*)	1	50

Suite de la Musique vocale,

AVEC ACCOMPAGNEMENT DE FORTÉ-PIANO.

Airs et Scènes de Concerts,

CHANTÉS PAR M. LAYS ET Mme BRANCHU.

Les morceaux chantés par des hommes sont marqués h, *et ceux chantés par des femmes sont marqués* f.

Compositeur	Titre	fr.	c.
Jadin.	1. Quoi ce dieu charmant (air), h.	3	60
	2. En vain tu veux calmer (*id.*), f.	3	60
	3. La paix dans [illegible] (*id.*), f.	3	60
	4. Ah! je triomphe enfin (*id.*), h.	3	60
	5. Chaque jour vainement (*id.*), h.	3	60
	6. Sur la fin d'un beau jour (*id.*), h.	3	60

Grands Airs, Duos et Trios détachés,

FRANÇAIS ET ITALIENS.

Compositeur	Titre	Genre	fr.	c.
Muntz Berger.	Tu di quest'anima... / O toi de mon âme...	cavatine, f.	3	
Francisque.	La coquetterie	polonaise, f.	3	60
Giacomelli.	E in ogni core... / Tout à Cythère...	tonadillas, h. ou f.	1	80
Gossec.	Charmante Gabrielle, à 3 voix		1	50
----	*Id.*, à 1 voix		1	50

Nocturnes ou petits Airs Italiens

A 2 VOIX.

Compositeur	Titre	fr.	c.
Barni. 5e recueil.	1. Se per tutti ordisce amore... / Si ta flamme, amour, m'amène... 2. Da quel sembiante... / C'est dans cet oeil... 3. Ah? se in ciel... / Si de ton ame...	4	50
Chérubini. 1er recueil.	1. Se viver non poss'io... / Loin de ma tendre amie... 2. Auretta grata... / Charmant zéphire... 3. Se tu m'ami se sospiri... / Ton ivresse, ta constance... 4. Son lungi e non mi brami... / Tranquille en mon absence... 5. Parti coll' ombra è ver... / La nuit s'envole, helas!... 6. Io rivedrò sovente... / J'irai, cruelle amie...	6	
Cornu.	O pescator de l'onda, chanson vénitienne	1	50

Suite de la MUSIQUE VOCALE,

AVEC ACCOMPAGNEMENT DE FORTÉ-PIANO.

Suite des NOCTURNES, OU PETITS AIRS ITALIENS A 2 VOIX.

			fr. c.
NICOLO.	1er recueil de duettini.	1. Ad onta del fat omio bene...........	6
		A ce cœur fidèle beauté..............	
		2. Vanne felice rio....................	
		Ruisseau qui dans la prairie..........	
		3. Ti lascio, Irene addio..............	
		Je te quitte, ô ma Lesbie............	
		4. Placido zeffiretto..................	
		Bien heureux zéphire................	
		5. Voi sole o luci belle................	
		Toi qui charmes ma vie..............	
		6. Tergi le lagrime....................	
		Sèche tes larmes....................	

AIRS ITALIENS EN RECUEIL

A UNE VOIX.

			fr. c.
COLBRAN.	1er recueil.	1. Povero cor tu palpiti................	6
		Mon pauvre cœur, hélas!............	
		2. Il pie s'allontana..................	
		Je pars, ô ma belle.................	
		3. Benche ti sia crudel................	
		Malgré rigueurs d'amour............	
		4. Per costume.......................	
		L'habitude........................	
		5. Vorrei almen per gioco	
		Au moins par feinte................	
		6. Chi sa qual core....................	
		Las! je soupire......................	
COLBRAN.	2e recueil.	1. La speranza al cor..................	6
		L'Espérance me dit..................	
		2. Adanta del fato mio bene............	
		A ce cœur fidèle....................	
		3. T'in tendo si mio cor...............	
		A mon sensible cœur................	
		4. Ch'io mai vi possa..................	
		Beauté charmante..................	
		5. Voi siete o luci belle..............	
		Toi qui charmes ma vie.............	
		6. Mi lagnero tacendo.................	
		Gémir dans le silence	

Suite de la MUSIQUE VOCALE,

AVEC ACCOMPAGNEMENT DE FORTÉ-PIANO.

Suite des PETITS AIRS ITALIENS A UNE VOIX.

			fr. c.
COLBRAN.	3e recueil.	1. Ombre amene.......................	6
		Charmants bocages..................	
		2. Quel cor che mi prometti............	
		Si ton cœur n'est sous ma loi.........	
		8. Più bella aurora....................	
		Jamais plus belle aurore.............	
		4. So che un sogno è la speranza........	
		L'espérance ce n'est qu'un beau songe..	
		5. Se son lontano dal mio diletto........	
		Lorsque je suis loin de l'objet.........	
		6. Quel ruscelletto che l'onde...........	
		Ce ruisseau dont l'agréable...........	
NICOLO.	1er recueil de canzoncine.	1. Bei labbri che amore................	6
		Tu jures, ma Zélie..................	
		2. Mio ben ricordati...................	
		Je t'abandonne, hélas!..............	
		3. Ch'io mai vi possa	
		L'amour m'engage..................	
		4. Alla stagion novella................	
		Dès la saison nouvelle..............	
		5. Luci adorabili......................	
		Pour toi, Thémire..................	
		6. Deh! pietoso dio d'amore...........	
		Dieu d'amour, ah!.................	
RODE.		Dal dì ch'io vi mirai.......................	1 50

Nocturnes,

OU PETITS AIRS FRANÇAIS, A 2 VOIX.

			fr. c.
AMÉDÉE DE T**.		Déja la nuit sur l'univers (romance).......	1 50
BLAZE.	3e livre.	1. Déja les étoiles pâlissent.......le matin	4 50
		2. Heure du soir, heure paisible...le soir.	
		3. Des amants astre tutélaire......la nuit.	
GATAYES.	1. 2. 3.	Voyez dans les romances détachées nº 128, 129, 130, page 16, col. 2.	
L. MOREAU.		Laure....................................	2
RIFGER.		Les adieux de Henri IV à Gabrielle.......	1 80
		J'entends la trompette...................	
WALSH THÉOBALD.	OEuvre 5.	1. O toi qui veilles sur nos jours.....	4 50
		2. Comme une erreur mensongère...	
		3. On raconte qu'en Helvétie.......	
		4. Fleur mourante et solitaire (canon).	

Romances détachées,

Avec accompagnement de Forté-Piano ou de Harpe, à 1 fr. 50 cent.,

PAR ORDRE ALPHABÉTIQUE D'AUTEURS.

Voyez les mêmes pour guitare sous les mêmes numéros, par ordre alphabétique des premières paroles.

Nos.	AUTEURS.	TITRES DES ROMANCES	PREMIÈRES PAROLES.
7	Aimé.	Non.................	La jeune Lucette.
153	Anson.	Aurélie..............	Ce qui te pare, ô riante.
154	——	Le Souvenir..........	Doux souvenir, je chéris.
155	——	Près d'un ruisseau.....	Pres d'un ruisseau.
171	——	Si j'étais petit papier..	Si j'étais petit papier.
172	——	Couleur de rose.......	Couleur de rose.
173	——	Portrait d'un Français..	Du Français fidèle ass.
174	——	J'étais heureux........	J'étais heureux.
175	——	Je sais aimer	O toi dont l'aimable.
189	——	Les Gueux...........	Les gueux sont les gens.
190	——	Je m'abusais..........	Je m'abusais quand.
191	——	Les Parques..........	Sages et foux, gueux et.
32	Butignot.	Je songe à toi........	Je songe à toi.
33	——	A une jolie Dévote....	Au souffle amoureux.
34	——	En te quittant........	En te quittant.
56	——	Depuis long-temps.....	Depuis long-temps.
60	——	Le Tournoi..........	Le cor bruyant.
36	Berton.	La Chapelle de l'Amour.	Il est un culte sur la.
37	——	La Feuille morte......	Dans mon sein, tu viens.
45	——	Sophie d'Isembourg....	Rassemblez-vous autour.
91	Begrez.	Adieu Plaisir, adieu Folie	Adieu plaisir, adieu folie.
92	——	Le pouvoir de la Musiq^e^.	Présent du ciel.
93	——	Ruben et Bala	C'en est fait, j'ai cessé de.
4	Chauvet.	A Laure.............	Barde immortel, amant.
5	——	Le Voile.............	Vois Laure.
6	——	Les Souhaits..........	Si le ciel.
63	Carafa.	Il fut un temps.......	Il fut un temps.
64	——	De la Douceur........	De la douceur.
65	——	Romance	Ta main charmante.
66	——	*Idem*...............	Viens sur mon cœur.
67	——	Le Souvenir..........	Doux souvenir.
68	——	Le Départ...........	C'en est fait.
110	Chapelle.	Romance à deux notes..	L'amour après mainte.
86	Cornely.	Le Refrain du Provincial.	A Paris tout plaisir.
136	Cornu.	Vous le voulez, Jenny.	Vous le voulez, Jenny.
137	——	Lucas...............	Lucas baigné de larmes.
138	——	Le curieux	Hier soir sur l'herbette.
139	——	Le Chant d'un Troubad^r^ béarnais	Du Béarn un troubadour chantait.
140	——	A un Infidèle.........	Pourquoi troubler.
141	——	Le Page.............	Etais pauvre page.
142	——	Les Plaintes d'un Troub^r^	Triste ramier de la mont.
143	——	La Pensée...........	Une pensée nous ramèn.
144	——	Les Orphelins (en duo).	Nous venons du haut M.
158	——	Les Adieux..........	Adieu paisible indiffér.
159	——	Les adieux d'Oscar à Mal.	Le cor retentit dans les.
160	——	Les Regrets de Malvina.	On dit que je suis belle.
180	——	Les trois Ages de l'Amour	J'aime l'amour dans son.
181	——	Chant du Pasteur......	L'autre jour sous l'omb.
182	——	Romance d'une relig^se^..	Quelle solitude profonde
185	——	Depuis long-temps.....	Depuis long-temps, j'ai trois mots à vous dire.
186	——	Le Tourtereau repentant	Belle tourterelle, reconn.
187	——	Larmes d'Amour......	Larmes d'amour ne sont.
179	Drolling.	Ne le crois pas........	Ne le crois pas quand on.
44	Doublen.	Reviens, ô ma lyre.....	Reviens, ô ma lyre.
24	Dufresne.	Le petit Joueur de Violon	Plaignez le sort.
18	Dubivage.	Les 4 Saisons de la vie..	Lorsqu'à l'âge.
57	——	Ma Vie..............	A chaque instant.
58	——	Les Souvenirs.........	Plein de ton image.
46	Dusseck.	Romance à 3 notes	Par les amours.
145	Dutril.	Tristan à Yseult.......	Que me fais si tu m'aimes.
146	——	Arthur..............	Le noble Arthur fut aimé.
147	——	Accourez, Dieux des bois	Accourez, dieux des bois.
148	——	De mon Berger volage..	De mon berger volage..
80	Fauvel.	La Reine des Fleurs....	Reine des fleurs, charm^e^.
83	Frey.	Rien ne m'est plus.....	Tout me charmait par ta.
104	——	Le Retour de Syrie....	Relevé des plus nobles.
176	——	St. Louis en Égypte....	Nobles croisés sans plus.
177	——	Romance d'Adriani....	J'ai cru tous mes beaux.
178	——	Le Laurier et la Charrue	Un preux soldat au ret.
184	——	Romance marotique....	Ivresse inconnue agite..
192	——	Vous qui priez........	Dans la solitaire bourgad.
197	——	Je pense à toi.........	Je pense à toi dès que je.
82	Gatayes.	Toujours, Toujours....	Toujours je te serai fidèl.
88	——	Les 3 prem. signes d'am^r^.	Premier regard d'une.
89	——	Petit à petit l'oiseau fait son nid............	Comme les rayons du soleil.
90	——	Je n'aimais plus.......	Je n'aimais plus (pauvres amants).
94	——	La Feuille tombée.....	Toi que les vents.
98	——	Les Coups...........	Tout homme ici bas.
105	——	Consigne à mon Chien..	Compagnon soumis de.
111	——	Songe d'Amour... ...	C'était dans la saison des.
112	——	Les petits Soins.......	Je plains celui qui trop.
113	——	O Toi qui d'un Amour.	O toi qui d'un amour si.
115	——	Elle et Moi..........	Elle ne peut vivre sans.
116	——	La Curieuse..........	On ne me laisse en vérité.
117	——	Où la trouver.........	Pour calmer le besoin.
118	——	L'Art d'Aimer........	Dieu des amants.
119	——	Jamais, jamais........	Jamais, disait à son amie.
120	——	Zélie est pour moi l'univ.	Zélie est pour moi l'univ.
122	——	La main	Pour la guider, c'est par.
123	——	La Brouille et le Raccommodement......	Sur les effets et sur les causes.
124	——	Dès qu'on n'a plus d'arg.	Dès qu'on n'a plus d'arg.
128	——	1er Nocturne à deux voix (la Séparation)......	Tu l'entends, un arrêt barbare.
129	——	2e Nocturne à deux voix.	Toi que l'amour forma.
130	——	3e *id*.......... *id*....	Transport jaloux, doul.
131	——	Le Rêve de Clémentine.	Un songe heureux à mon.
149	——	Ma Cousine	De ma cousine, caprice.
156	——	Jadis et Aujourd'hui...	Lorsque j'aimais au print.
157	——	Que voulez-vous que j'y fasse ?.............	Dans c'monde chacun a son goût.
164	——	Mes Regrets..........	O jours heureux de ma.
193	——	Les Guerriers et les Belles	Mars a vraiment plus.
194	——	Cruelle Vérité........	Ah! s'il fallait purger le.
195	——	Elle l'aima toujours....	Adieu, je vais en Palest.
196	——	Le Demi-Jour.........	Le demi-jour.
161	Garat (Fab.)	Mes Souhaits	Au fond d'un champêtre.
162	——	N'ayez pas peur	N'ayez pas peur, on veut seulement vous le dire.
163	——	Ne pouvez-vous l'entendre ?............	Lorsqu'un amant bien tendre.
1	Gustave.	La Défiance	Ne le croyez pas.
2	——	Romance à trois notes..	Un jour dans cette grotte.
3	——	La Montagne	Je reviendrai.
8	Jadin.	A ma Sonnette........	Il est temps, ma chère sonnette.

Suite des Romances détachées, avec accompagnement de Forté-Piano ou de Harpe,

A 1 fr. 50 c., PAR ORDRE ALPHABÉTIQUE D'AUTEURS.

N°s.	AUTEURS	TITRES DES ROMANCES	PREMIÈRES PAROLES.	N°s.	AUTEURS.	TITRES DES ROMANCES	PREMIÈRES PAROLES.
59	JADIN.	La Confiance..........	Quand vous vantez.	84	ORRÉNO.	Les Regrets..........	Vais perdre ma tant douce amie.
99	JARDIN.	A la mémoire de Grétry.	Muses, prenez vos voiles funèbres.	12	PLANTADE.	Arthur et Lucy........	Au bord d'une mer écumante.
100	——	La Bergère délaissée...	A peine eus-je atteint l'âge.	13	——	Paola................	Dans un canton de Westphalie.
101	——	Mort d'Atala..........	C'est ainsi que plaintive	14	——	Le Fantôme ou l'Angelus	Ce jour-là.
92	KREUBÉ.	Le Tombeau..........	Dans un désert loin du hameau	15	——	Le Pressentiment......	C'était l'hiver.
30	——	Les Regrets..........	Quand Lise était encore enfant.	16	——	Lucie et Colin........	Ecoutez moi, faciles bell.
31	——	Le mal d'Amour......	N'avoir qu'une seule pen.	17	——	Edwin et Emma.......	Au fond d'une sombre vallée.
62	——	Le petit Auvergnat....	Ah! laissez-moi.	74	——	Lise................	Lise, sens-tu comme il palpite!
47	KREUTZER.	Ma Promenade........	Par-tout si je me promèn.	75	——	Le Lever du Jour......	Le feu des étoiles.
48	——	Les Regrets..........	Savez vous.	76	——	Dans le printemps de mes années.........	Dans le printemps.
49	——	L'Indifférence........	O tranquille indifférence.	77	——	A Toi................	Je t'aime, hélas!
114	——	Ronde de nuit (voy. l'Oriflamme).........	Gardons-nous bien.	78	——	Le Gondolier amoureux.	Dans une barque légère.
9	LAMBERT.	Béarnaise............	Sommeil a fui.	79	——	L'Accueil............	D'un accueil qui m'ench.
10	——	Au bord d'un clair ruiss.	Au bord d'un clair, etc.	106	——	Le Rêve nègre........	Moi rêver douce amie.
11	——	Pour moduler.........	Pour moduler.	107	——	Eginard au tombeau de son amie..........	Que fais-tu là, valeureux chevalier.
103	——	Ronde de Désaugiers..	Allons, mettons-nous en train.	121	——	Chant d'un bon Français.	Français, enfin voilà le j^r.
108	——	Lucas..............	Lucas baigné de larmes.	183	——	La Barque de deuil....	Approchez-vous, belles, venez m'entendre.
109	——	Le Montagnard émigré.	Combien j'ai douce souvenance.	61	PAULIN.	L'Orage et le Pélerin...	Pour adoucir.
165	——	L'Ermite............	Au fonds de ces arbres.	87	QUATREMÈRE	Les Adieux d'un jeune Guerrier..........	Je pars, je vole où la gloire.
135	LE MYRE.	Le Montagnard émigré (à deux voix).......	Combien j'ai douce souvenance.	69	RODE.	Cœurs trop sensibles...	Cœurs, etc.
150	——	Sans la nommer.......	Vainement je lis la prom.	70	——	Pourquoi troubler.....	Pourquoi troubler.
166	LEONZZO.	Le vieux Ménestrel....	Approchez vous, jeunes fillettes	81	——	Stances sur l'air chanté par Me Catalani.....	Art divin, puissante harmonie.
167	——	Le Déclin du jour.....	L'astre brillant de la lum.	126	——	Fleur mourante et solit^re.	Fleur, etc.
168	——	Robert à Richard.....	Robert, l'ainé des fils de France.	127	——	Heure du soir........	Heure du soir, heure paisible.
169	——	Le Hussard (en trio ou à voix seule).........	Venez, jeunes fillettes, ne craignez pas.	41	RADZIWIL.	Chanson à la Cosacca..	Bions, chantons......
170	——	Le Page (ou l'amante désespérée)............	Le noble Artus, loin d'une belle	42	——	En réponse à la romance de Garat je t'aime tant.	Redis-le moi.
85	LE VASSEUR.	L'Esprit des Troub[illegible]	Faire voudrais, belle Mar.	102	RIFGER.	La Plainte d'Amour....	Plaignez mon sort, partagez ma tristesse.
20	MARTINN.	Lorsque tout me rappelle	Lorsque tout, etc.	132	ROMAGNÉSI.	Le Geant............	Au temps jadis fut une belle.
43	——	Regrets d'un Troubad^r.	Las, allais voir.	133	——	La Résignation.......	Si mon cœur s'est laissé surprendre.
35	MÉHUL.	Raoul...............	Issu d'un noble chevalier.	134	——	L'Inconstance........	Depuis qu'une amante.
151	MELESVILLE.	Couplets d'une visite à Bedlam, n° 1, tralalala	Un sur-tout fraiche et jolie.	25	SPONTINI.	L'Amour est tout.....	Quand tu m'aimais.
152	——	Vaudeville d'une visite à Bedlam, n° 2.......	Enfin donc un ciel plus doux.	26	——	Le premier Chagrin d'Amour...............	Calme si doux de mon enfance.
188	MEREAUX.	Eginard au champ d'honneur............	Adieu, bonheur, plaisirs, douce patrie.	27	——	L'heureuse Epouse.....	Vous qui vivez.
19	NICOLO.	Te voir..............	Te voir, c'est ce que je desire.	28	——	La contrainte........	Conçois tu?
21	——	A Lise..............	En amour combien on differe.	95	ST.-AMANS.	Ce qu'il faut pour plaire.	Amour l'a dit, Lise sera.
22	——	La Nuit et le Jour....	La nuit et le jour, mon cœur.	96	——	L'Inconstance et le Souvenir..............	Le papillon trop inconstant,
23	——	Ode anacréontique.....	Image à la modestie.	38	WACHER.	Pour Toi............	Ce que je desire et que.
50	——	Canzoncine..........	Mio ben ricordati. / Je t'abandonne, hélas!	39	——	La Solitude..........	Dans mon solitaire séj^r.
51	——	*Id.*...............	Ch'io mai vi possa. / L'amour m'engage.	40	——	La Mort du Troubadour.	Vous qui portez une âme.
52	——	*Id.*...............	Pei labbri che amore / Toujours, ma Zélie.	71	——	Jeanne d'Arc.........	L'anglais vainqueur dans les plaines.
53	——	*Id.*...............	Alla Stagion novella. / Dès la saison nouvelle.	72	——	Je vous hais.........	Qu'un autre chante, je vous aime.
54	——	*Id.*...............	Luci adorabili. / Pour toi, Thémire.	73	——	La Marchande de Rubans	Je suis marchande de rubans.
55	——	*Id.*...............	Deh! Pietoso dio d'amore / Dieu d'amour, ah!	97	VÉRON.	L'Amant heureux.....	Dans un coin de la terre.
				125	WEISKOPFF.	Les Embarras du Sergent Major..........	Ah! grand Dieu, qu'on a de peine.

Suite des Romances détachées, avec accompagnement de Forté-Piano ou de Harpe,

A 1 fr. 50 c., SANS NUMÉROS, ET NON GRAVÉES POUR GUITARE.

AUTEURS.	TITRES DES ROMANCES.	PREMIÈRES PAROLES.
CHANCOURTOIS.	Odalie	Vois ce jeune habitant du ciel.
DEMONCHY.	L'Amour chez Glycère	L'amour s'ennuyant à Cythère.
FREY.	L'Espérance	Espérance chérie.
——	Couplets chantés par Mlle Leverd, dans *la Partie de Chasse de Henri IV*	Les traits naïfs, si pleins de charmes.
——	Conseil d'un vieux Troubadour	Vous qui voulez exceller en romances.
GOSSEC.	La France régénérée, sur l'air : Charmante Gabrielle, à 1, 2 ou 3 voix	O France, ô ma patrie.
GOUJET.	Les Noms	La mine, dit-on, est trompeuse.
KRUMPHOLTZ.	Dame française	Jeune guerrier, que l'amour et la gloire
KREUTZER.	Aveu d'amour	Toi que je connais à peine.
——	Le Troubadour voyageant à la porte du Castel	Jeune beauté de ce castel.
——	Regrets d'amour	Laure, qui cause ma souffrance.
——	Mon Sentiment sur l'Amour	Ne s'occuper que d'une chose.
——	Lise et Colin	Lise et Colin dans la prairie.
——	Le Départ pour la Croisade	La nuit trop prompte.
LAMBERT.	Le Retour du Roi	Nos champs dévastés.
LE VASSEUR.	Loïse	Autrefois dans vieux châteaux.
LÉON.	Le Clairon sonne	Le clairon sonne.
——	Je n'aime plus	Je n'aime plus.
——	Amour, viens me rendre l'image	Amour, viens me rendre l'image.
——	Ne plus aimer serait une folie	Ne plus aimer serait une folie.
——	Quelle félicité parfaite	Quelle félicité parfaite.
——	Je vivais sous tes lois	Je vivais sous tes lois.
LENONCOURT (DE).	L'ombre de Marguerite	Dans la nuit, où l'heure effrayante
——	La nouvelle Biondina	Dans une barque légère.
MARTINI DONOSO.	(*Voyez au supplément.*)	
MELESVILLE.	Virelai	N'a besoin de richesse.
MOREAU.	Laure, romance à 2 voix	Fille d'amour, douce mélancolie.
MORISSOT.	Aux mânes de Grétry	Muses, revêtez-vous de deuil.
PAULIN.	Le Rosier	Rosier, jadis charmant.
Mlle PECHIGNÉ.	Le mot Amour	Colin à l'ombre d'un ormeau.
——	L'âge de 16 ans	Joséphine est dans le bel âge.
PELLETIER.	L'Ultra	Excès d'amour, excès de zèle.
RIEGER.	Encore à toi, toujours à toi	Toi dont la foi jadis sincère,
RIEGER.	Aglaé, ou Paris et le village	A l'âge heureux de quatorze ans
——	L'Amour marchand de roses	Laissant respirer les cœurs.
——	L'Héroïne de Bordeaux	Louis, ta fidèle Antigone.
——	Si tu m'aimais	Si tu m'aimais autant que je t'adore.
——	Amitié pour toujours	
——	La Danse et l'Amour	
RENAULT.	Le petit mot à l'oreille	Je n'ai pas la verve féconde.
ST.-AMANS.	Le petit mot pour rire	Loin de moi ces chantres pleureurs.
SERMESI.	Les Plaintes d'Ophélie	Rendez-le-moi celui-là que j'adore.
TULOU.	Le Champ d'Asyle	Au loin j'allais chercher mes frères.
VERON.	Le danger de rougir	On m'a répété souvent.
——	Mes Regrets	En te perdant, ma Sophie.
TH. WALSH.	Pense à Madame	Pense à madame, de près, de loin.
——	Evirchoma	Sur ces bords en vain je t'appelle.

Airs, Duos, etc.,

DÉTACHÉS D'OPÉRAS,

AVEC ACCOMPAGNEMENT DE GUITARE OU LYRE.

NOTA. *Les h désignent les morceaux chantés par des hommes, et les f ceux chantés par des femmes.*

CHÉRUBINI. *Anacréon ou l'Amour fugitif.*

fr. c.

1. Jeunes filles (air), f.... 1 50
2. Je n'ai besoin (air), h.. 75
3. Mon père est vieux (air), f. 1 50
4. Qu'elle est heur^s (air), h. 1 50
5. Dansez, nymphes (air), h. 2 25

KREUTZER. *Aristippe.*

1. Pourq. repousser (air), h. 75
2. Des plaisirs (air), h... 75
3. De la fête (duo), 2 h... 1 50
4. Unique objet (duo), h. f. 2 25
5. Quoi! vous pourriez? (duo), h. f.......... 2 25
6. O volupté (air), h..... 75
7. Qui te retient (air), f.. 1 50
8. Ah! c'en est trop (air), h. 1 50

DUPUIS. *Artiste (l') par amour.*

1. Lorsq. ma bouche (air), h. 75

KREUTZER. *Baiser et Quittance.*

1. Chantez les charmes, (couplets), h.......... 75
2. Ces ouvrages (rom^e), f. 75
3. A son page (aie, aie, (romance.), h........ 1 50
4. Ce front si pur (rondo), h. 75

PLANTADE. *Bayard à la Ferté.*

Lise était à la fleur de l'âge (couplets), f.......... 75

NICOLO. *Confidences (les).*

1. L'aurore (romance), h. 1 50
2. Oui, je vaincrai (air), h. 2 25
3. Voilà comme (rondo), h. 1 50
4. Malgré ta souffrance, (romance), f......... 1 50
5. Que résoudre (air), f.. 1 50
6. Ah! ma Lisette (duo), h. f. 1 50

— *Déjeûners de garçons.*

1. Divinités chéries (couplets), h.......... 75
2. L'hymen est une chaîne (air), h. ou f......... 75
3. Point d'humeur (chans.), h. 75
4. De ma félicité (coupl.), h. 75

MOZART. *Figaro (les Noces de),*

1. { Non so più cosa son (air) / Le tourment qui m'opp. } 75
2. { Non più andrai (air), h. / Mon enfant......... } 75

Suite des AIRS, DUOS, ETC.,

DÉTACHÉS D'OPÉRAS,

AVEC ACCOMPAGNEMENT DE GUITARE OU LYRE.

fr. c.

3. { Sù l'aria (duo), 2 f... / Sur l'air marounier... } 75
4. { Voi che sapete (air)... / Mon cœur soupire.... } 75

R. KREUTZER. *François Ier.*

1. Je vous jurai (rom.), f. 75
2. On parle de phil. (duo), h. f. 2 25
3. Un jour disputant (air), h. 1 50
4. Charm. pupille (chasse), h. 75

GOSSEC. *Gabrielle.*

Charm. Gabrielle, à 1 voix. 75
Id.......*id.*.... à 3 *id.*, accompagn. par Gatayes. 75

KREUTZER. *Homme sans façon (l').*

1. Rien ne me mécontente (couplets), h......... 75
2. On n'est pas ingrate, (couplets), h. f........ 75

NICOLO. *Intrigue (l') aux fenêtres.*

1. Ah! quel plaisir (air), h. 75
2. Maudit argus (duo), 2 h. 1 50
3. O ma Clémence (rondo), h. 1 50
4. Pour bien servir (air), h. 2 25
5. Toi dont l'amour (rom.), f. 75
6. Douce et fidèle amie (*id.*), h. 1 50

R. KREUTZER. *Jadis et Aujourd'hui.*

1. O fortune ennemie (air), h. 1 50
2. Voulez-vous tenter l'aventure, (duo), 2 h.... 2 25
3. A qui voulez-vous que je (couplets), f........ 75
4. Pour vous bientôt tous nos artistes (couplets), h. 75
5. Le jour, la nuit (duo), h. f. 1 50
6. On a beau dire (vaud.). 75

NICOLO. *Léonce.*

1. Dans notre état (duo), 2 h. 1 50
2. L'hymen est un lien (romance), h........... 1 50
3. Je vis Léonce (rom^e), f. 75
4. Femme bien jolie (rondo), h.............. 1 50
5. On dit qu'il est (coupl.), h. 75
5. Non, non, non (air et couplets), h.......... 1 50
6. Plus de bonheur (air), h. 1 50
7. Cher Léonce (duo), h. f. 75

— *Médecin turc (le).*

1. Sans plaisirs (coupl.), f. 1 50
2. Les plaisirs (*id.*), f... 75
3. Oui, par-tout (air), h.. 2 25
4. C'est toujours (rom^e), f. 1 50
5. Paradis de Mahom. (air), h. 75

Suite des AIRS, DUOS, ETC.,

DÉTACHÉS D'OPÉRAS,

AVEC ACCOMPAGNEMENT DE GUITARE OU LYRE.

fr. c.

6. Toujours guidé (coup.), h. 75
7. Quelle voix (scène), h. 2 25
8. Je suis jeune et française (rondeau ajouté), f.... 1 50

— *Michel-Ange.*

1. Douce mélancolie, avec trad. italienne (duo), 2 f. 2 25
2. Amour, retrace - moi (air), h............. 1 50
3. Son embarras me plait (duo), h. f.......... 2 25
4. En me jurant d'être fidèle (romance), f......... 75
5. A Venise, jeune fillette (barcarolle), h........ 75
6. Jeunes amants, qui d'amour (couplets), h.... 75

MÉHUL. *Oriflamme.*

1. Issu d'un noble chevalier (chanson), h...... 75

KREUTZER. 2. Cardons-nous bien (ronde) 75

NICOLO. *Ruse inutile (la).*

1. Ce doux regard (rond.), f. 1 50
2. Lycas aimait (rom^e), h. 75
3. Allons, j'accepte (duo), 2 h................. 2 25
4. Aimes-tu ta (duo), h. f. 2 25
5. Toi qui portes (rom^e), f. 75
6. Le bon vin (chanson), h. 75

MÉLESVILLE. *Visite à Bedlam* (vaudev.).

1. Une sur-tout fraîche et jolie (couplets)........ 75
2. Enfin donc un ciel plus doux (couplets)....... 75

Petits Airs italiens en recueil,

AVEC TRADUCTION FRANÇAISE,

ET ACCOMPAGNEMENT DE GUITARE OU LYRE.

CANZONCINE.

NICOLO. *Premier recueil.*

fr. c.

1. { Bei labbri che amore.... / Toujours, ma Zélie.... }
2. { Mio ben ricordati...... / Je t'abandonne, hélas!.. }
3. { Ch'io mai vi possa...... / L'amour m'engage...... }
4. { Alla stagion novella..... / Dès la saison nouvelle... }
5. { Luci adorabili.......... / Pour toi, Thémire...... }
6. { Deh pietoso dio d'amore. / Dieu d'amour, ah!...... }

} 3

4

Romances détachées,

Avec accompagnement de Guitare ou Lyre, à 75 cent.,

PAR ORDRE ALPHABÉTIQUE DES PREMIÈRES PAROLES.

Voyez les mêmes pour forté-piano sous les mêmes numéros, par ordre alphabétique d'auteurs.

Nos.	AUTEURS.	TITRES DES ROMANCES	PREMIÈRES PAROLES.
33	BUTIGNOT.	A une jolie Dévote....	Au souffle amoureux.
91	BEGREZ.	Adieu Plaisir, adieu Folie	Adieu plaisir, adieu folie.
86	CORNELY.	Le Refrain du Provincial.	A Paris tout plaisir.
158	CORNU.	Les Adieux...........	Adieu paisible indiffér.
57	DUBIVAGE.	Ma Vie..............	A chaque instant.
147	DUTEIL.	Accourez, Dieux des bois	Accourez, dieux des bois.
161	GABAT (Fab.)	Mes Souhaits.........	Au fond d'un champêtre.
194	GATAYES.	Cruelle Vérité.........	Ah! s'il fallait purger le.
195	——	Elle l'aima toujours....	Adieu, je vais en Palest.
100	JARDIN.	La Bergère délaissée...	A peine eus-je atteint l'âge
62	KREUBÉ.	Le petit Auverguat.....	Ah! laissez-moi.
10	LAMBERT.	Au bord d'un clair ruiss.	Au bord d'un clair, etc.
103	——	Ronde de Désaugiers..	Allons, mettons-nous en train.
165	——	L'Ermite.............	Au fonds de ces arbres.
166	LEONZO.	Le vieux Ménestrel....	Approchez-vous, jeunes fillettes.
188	MEREAUX.	Eginard au champ d'honneur..............	Adieu, bonheur, plaisirs, douce patrie.
53	NICOLO.	Canzoncine...........	Alla Stagion novella. Dès la saison nouvelle.
12	PLANTADE.	Arthur et Lucy.......	Au bord d'une mer écumante.
17	——	Edwin et Emma.......	Au fond d'une sombre vallée.
183	——	La Barque de deuil....	Approchez-vous, belles, venez m'entendre.
81	RODE.	Stances sur l'air chanté par Me Catalani......	Art divin, puissante harmonie.
132	ROMAGNÉSI.	Le Géant.............	Au temps jadis fut une belle.
95	ST.-AMANS.	Ce qu'il faut pour plaire.	Amour l'a dit, Lise sera.
125	WEISKOPFF.	Les Embarras du Sergent-Major.............	Ah! grand Dieu, qu'on a de peine.
4	CHAUVET.	A Laure..............	Barde immortel, amant.
186	CORNU.	Le Tourtereau repentant	Belle tourterelle, recomn.
52	NICOLO.	Canzoncine...........	Bei labbri che amore. Toujours, ma Zélie.
153	ANSON.	Aurélie..............	Ce qui te pare, ô riante.
172	——	Couleur de rose.......	Couleur de rose.
93	BEGREZ.	Ruben et Bala........	C'en est fait, j'ai cessé de.
68	CARAFA.	Le Départ............	C'en est fait.
89	GATAYES.	Petit à petit l'oiseau fait son nid............	Comme les rayons du soleil.
105	——	Consigne à mon Chien..	Compagnon soumis de.
111	——	Songe d'Amour.......	C'était dans la saison des.
101	JARDIN.	Mort d'Atala..........	C'est ainsi que la plaint.
109	LAMBERT.	Le Montagnard émigré.	Combien j'ai douce souvenance.
135	LE MYER.	*Id.* à 2 voix..........	*Id.*
51	NICOLO.	Canzoncine...........	Ch'io mai vi possa. L'amour m'engage.
14	PLANTADE.	Le Fantôme ou l'Angelus	Ce jour-là.
15	——	Le Pressentiment......	C'était l'hiver.
69	RODE.	Cœurs trop sensibles...	Cœurs, etc.
26	SPONTINI.	Le premier Chagrin d'Amour..............	Calme si doux de mon enfance.
28	——	La contrainte.........	Conçois-tu?
38	WACHER.	Pour Toi.............	Ce que je desire et que.
154	ANSON.	Le Souvenir..........	Doux souvenir, je chéris.
173	ANSON.	Portrait d'un Français..	Du Français fidèle ass.
56	BUTIGNOT.	Depuis long-temps.....	Depuis long-temps.
37	BERTON.	La Feuille morte......	Dans mon sein, tu viens.
64	CARAFA.	De la Douceur........	De la douceur.
67	——	Le Souvenir..........	Doux souvenir.
139	CORNU.	Le Chant d'un Troubad^r béarnais...........	Du Béarn un troubadour chantait.
185	——	Depuis long-temps.....	Depuis long-temps, j'ai trois mots à vous dire.
148	DUTEIL.	De mon Berger volage..	De mon berger volage..
192	FREY.	Vous qui priez, priez pour	Dans la solitaire bourgad.
118	GATAYES.	L'Art d'Aimer........	Dieu des amants.
124	——	Dès qu'on n'a plus d'arg.	Dès qu'on n'a plus d'arg.
149	——	Ma Cousine..........	De ma cousine, caprice.
157	——	Que voulez-vous que j'y fasse?............	Dans c'monde chacun a son goût.
29	KREUBÉ.	Le Tombeau.........	Dans un désert loin du hameau.
55	NICOLO.	Canzoncine...........	Deh! Pietoso dio d'amore Dieu d'amour, ah!
13	PLANTADE.	Paola................	Dans un canton de Westphalie.
76	——	Dans le printemps de mes années.........	Dans le printemps.
78	——	Le Gondolier amoureux.	Dans une barque légère.
79	——	L'Accueil............	D'un accueil qui m'ench.
134	ROMAGNESI.	L'Inconstance........	Depuis qu'une amante.
39	WACHER.	La Solitude..........	Dans mon solitaire séj^r.
97	VÉRON.	L'Amant heureux.....	Dans un coin de la terre.
34	BUTIGNOT.	En te quittant........	En te quittant.
141	CORNU.	Le Page.............	Etait pauvre page.
115	GATAYES.	Elle et Moi..........	Elle ne peut vivre sans.
152	MÉLESVILLE.	Vaudeville d'une visite à Bedlam, n° 2.......	Enfin donc un ciel plus doux.
21	NICOLO.	A Lise...............	En amour combien on diffère.
16	PLANTADE.	Lucie et Colin........	Ecoutez-moi, faciles bell.
48	KREUTZER.	Les Regrets..........	Fanez vous.
85	LE VASSEUR.	L'Esprit des Troubadours	Faire voudrais, belle Mar.
121	PLANTADE.	Chant d'un bon Français.	Français, enfin voilà le j^r.
126	RODE.	Fleur mourante et solit^re.	Fleur, etc.
114	KREUTZER.	Ronde de nuit (voy. l'Oriflamme)..........	Gardons-nous bien.
138	CORNU.	Le curieux..........	Hier soir sur l'herbette.
127	RODE.	Heure du soir.........	Heure paisible, heure du soir.
36	BERTON.	La Chapelle de l'Amour.	Il est un culte sur la.
63	CARAFA.	Il fut un temps.......	Il fut un temps.
184	FREY.	Romance marotique....	Ivresse inconnue agite..
8	JADIN.	A ma Sonnette........	Il est temps, ma chère sonnette.
35	MÉHUL.	Raoul...............	Issu d'un noble chevalier.
23	NICOLO.	Ode anacréontique.....	Image à la modestie.
174	ANSON.	J'étais heureux........	J'étais heureux.
190	——	Je m'abusais..........	Je m'abusais quand.
32	BUTIGNOT.	Je songe à toi........	Je songe à toi.
180	CORNU.	Les trois Ages de l'Amour	J'aime l'amour dans son.
177	FREY.	Romance d'Adriani....	J'ai cru tous mes beaux.
197	——	Je pense à toi.........	Je pense à toi dès que..
3	GUSTAVE.	La Montagne.........	Je reviendrai.

Suite des Romances détachées, avec accompagnement de Guitare ou Lyre,

PAR ORDRE ALPHABÉTIQUE DES PREMIÈRES PAROLES.

Nᵒˢ.	AUTEURS.	TITRES DES ROMANCES	PREMIÈRES PAROLES.
90	Gatayes.	Je n'aimais plus.......	Je n'aimais plus (pauvres amants).
112	——	Les petits Soins.......	Je plains celui qui trop.
119	——	Jamais, jamais........	Jamais, disait à son amie.
77	Plantade.	A Toi..............	Je t'aime, hélas!
87	Quatremère	Les Adieux d'un jeune Guerrier...........	Je pars, je vole où la gloire.
73	Wacher.	La Marchande de Rubans	Je suis marchande de rubans.
7	Aimé.	Non................	La jeune Lisette.
189	Anson.	Les Gueux...........	Les gueux sont les gens.
60	Butignot.	Le Tournoi..........	Le cor bruyant.
110	Chapelle.	Romance à deux notes..	L'amour après mainte.
137	Cornu.	Lucas..............	Lucas baigné de larmes.
159	——	Les adieux d'Oscar à Mal.	Le cor retentit dans les.
181	——	Chant d'un Pasteur....	L'autre jour sous l'omb.
187	——	Larmes d'amour	Larmes d'amour ne sont
18	Dubivage.	Les 4 Saisons de la vie..	Lorsqu'à l'âge.
146	Duteil.	Arthur	Le noble Arthur fut aimé.
156	Gatayes.	Jadis et Aujourd'hui...	Lorsque j'aimais au print.
196	——	Le Demi-Jour.........	Le demi-jour.
163	Garat (Fab.)	Ne pouvez-vous l'entendre?...........	Lorsqu'un amant bien tendre.
108	Lambert.	Lucas..............	Lucas baigné de larmes.
167	Leonzo.	Le Déclin du jour.....	L'astre brillant de la lum.
170	——	Le Page (o l'amante disperato)............	Le noble Artus, loin d'une belle
20	Martinn.	Lorsque tout me rappelle	Lorsque tout, etc.
43	——	Regrets d'un Troubadʳ.	Las, allais voir.
22	Nicolo.	La Nuit, le Jour......	La nuit, le jour, mon cœur.
54	——	Canzoncine...........	Luci adorabili. Pour toi, Thémire.
74	Plantade.	Lise................	Lise, sens-tu comme il palpite!
75	——	Le Lever du Jour......	Le feu des étoiles.
96	St.-Amans.	L'Inconstance et le Souvenir.............	Le papillon trop inconstant.
71	Wacher.	Jeanne d'Arc..........	L'anglais vainqueur dans les plaines.
193	Gatayes.	Les Guerriers et les Belles	Mars a vraiment plus.
99	Jardin.	A la mémoire de Grétry.	Muses, prenez vos voiles funèbres.
50	Nicolo.	Canzoncine...........	Mio ben ricordati. Je t'abandonne, hélas!
106	Plantade.	Le Rêve nègre........	Moi rêver douce amie.
144	Cornu.	Les Orphelins (en duo).	Nous venons du haut M.
179	Droling.	Ne le crois pas........	Ne le crois pas quand on.
176	Frey.	St. Louis en Égypte....	Nobles croisés sans plus.
162	Garat (Fab.)	N'ayez pas peur.......	N'ayez pas peur, on veut seulement vous le dire.
1	Gustave.	La Défiance..........	Ne le croyez pas.
31	Kreubé.	Le mal d'Amour......	N'avoir qu'une seule pen.
175	Anson.	Je sais aimer.........	O toi dont l'aimable.
160	Cornu.	Les Regrets de Malvina.	On dit que je suis belle.
113	Gatayes.	O Toi qui d'un Amour.	O toi qui d'un amour si.
116	——	La Curieuse..........	On ne me laisse en vérité.
164	——	Mes Regrets..........	O jours heureux de ma.
49	Kreutzer.	L'Indifférence.......	O tranquille indifférence.
155	Anson.	Près d'un ruisseau.....	Pres d'un ruisseau.
92	Begrez.	Le pouvoir de la Musiqᵉ.	Présent du ciel.
140	Cornu.	A une Infidèle........	Pourquoi troubler.
24	Dufresne.	Le petit Joueur de Violon	Plaignez le sort.
46	Dussek.	Romance à 3 notes....	Par les amours.
58	Dubivage.	Les Souvenirs........	Plein de ton image.
88	Gatayes.	Les 3 prem. signes d'amʳ.	Premier regard d'une.

Nᵒˢ.	AUTEURS.	TITRES DES ROMANCES	PREMIÈRES PAROLES.
117	Gatayes.	Où la trouver.........	Pour calmer le besoin.
122	——	La main.............	Pour la guider, c'est par.
47	Kreutzer.	Ma Promenade........	Par-tout si je me promèn.
11	Lambert.	Pour moduler.........	Pour moduler.
61	Paulin.	L'Orage et le Pélerin...	Pour adoucir.
70	Rode.	Romance............	Pourquoi troubler.
102	Riegle.	La Plainte d'Amour....	Plaignez mon sort, partagez ma tristesse.
182	Cornu.	Romance d'une religˢᵉ..	Quelle solitude profonde
145	Duteil.	Tristan à Yseult.......	Que me fait si tu m'aimes.
59	Jadin.	La Confiance.........	Quand vous vantez.
30	Kreubé.	Les Regrets..........	Quand Lise était encore enfant.
107	Plantade.	Eginard au tombeau de son amie...........	Que fais-tu là, valeureux chevalier.
25	Spontini.	L'Amour est tout......	Quand tu m'aimais.
72	Wacher.	Je vous hais..........	Qu'un autre chante, je vous aime.
45	Berton.	Sophie d'Isembourg....	Rassemblez-vous autour.
44	Doualen.	Reviens, ô ma lyre.....	Reviens, ô ma lyre.
80	Fauvel.	La Reine des Fleurs....	Reine des fleurs, charmᵉ.
104	Frey.	Le Retour de Syrie....	Relevé des plus nobles.
168	Leonzo.	Robert et Richard.....	Robert, l'aîné des fils de France.
41	Radziwil.	Chanson à la Cosacca ..	Rions, chantons.......
42	——	En réponse à la romance de Garat, je t'aime tant.	Redis-le-moi.
171	Anson.	Si j'étais petit papier..	Si j'étais petit papier.
191	——	Les Parques..........	Sages et foux, gueux et.
6	Chauvet.	Les Souhaits..........	Si le ciel.
123	Gatayes.	La Brouille et le Raccommodement......	Sur les effets et sur les causes.
9	Lambert.	Béarnaise............	Sommeil a fui.
133	Romagnési.	La Résignation........	Si mon cœur s'est laissé surprendre.
65	Carafa.	Romance............	Ta main charmante.
142	Cornu.	Les Plaintes d'un Troubʳ	Triste ramier de la mont.
83	Frey.	Rien ne m'est plus....	Tout me charmait par ta.
82	Gatayes.	Toujours, Toujours....	Toujours je te serai fidèl.
94	——	La Feuille tombée.....	Toi que les vents.
98	——	Les Coups...........	Tout homme ici bas.
128	——	La séparation (1ᵉʳ nocturne à 2 voix)......	Tu l'entends, un arrêt barbare.
129	——	Toi que l'amour (2ᵉ nocturne à 2 voix)......	Toi que l'amour forma.
130	——	Transport jaloux (3ᵉ nocturne à 2 voix)......	Transport jaloux, doul.
19	Nicolo.	Te voir..............	Te voir, c'est ce que je desire.
143	Cornu.	La Pensée...........	Une pensée nous ramèn.
178	Frey.	Le Laurier et la Charrue	Un preux soldat au ret.
131	Gatayes.	Le Rêve de Clémentine.	Un songe heureux à mon.
2	Gustave.	Romance à trois notes..	Un jour dans une grotte.
151	Mélesville.	Tra la la la, nº 1, d'*une Visite à Bedlam*....	Une sur-tout fraîche et jolie.
66	Carafa.	Romance...........	Viens sur mon cœur.
5	Chauvet.	Le Voile............	Vois Laure.
136	Cornu.	Vous le voulez, Jenny.	Vous le voulez, Jenny.
150	Le Myre.	Sans la nommer.......	Vainement je fis la prom.
169	Leonzo.	Le Hussard (en trio ou à voix seule).........	Venez, jeunes fillettes, ne craignez pas.
84	Orhéno.	Les Regrets..........	Vais perdre ma tant douce amie.
27	Spontini.	L'heureuse Epouse.....	Vous qui vivez.
40	Wacher.	La Mort du Troubadour.	Vous qui portez une ame.
120	Gatayes.	Zélie est pour moi l'univ.	Zélie est pour moi l'univ.

Romances détachées, avec accompagnement de Guitare ou de Lyre,

SANS NUMÉROS ET NON GRAVÉES POUR LE PIANO, A 75 CENTIMES.

AMÉDÉE.	Chansonnette	Soupirait bergerette.
LE JOURDAN.	Nice	Dans les liens de la coquetterie.
QUATREMÈRE.	La Leçon	Jeunes amants qui voulez plaire.

GALERIE OU PORTRAITS

DES VIOLONS ET LUTHIERS CÉLÈBRES,

MORTS ET VIVANTS,

Qui se sont distingués dans leur art, soit par des écrits scientifiques et des compositions musicales, soit par la construction et la belle manière de jouer de leur instrument, ouvrage périodique, format carré de jésus, propre à être mis en tête des œuvres de musique de ces artistes, ou encadré séparément.

Violons célèbres morts.

A. CORELLI.
Ant. VIVALDI.
Fr. GEMINIANI.
P. LOCATELLI.
I.-M. LE CLAIR.
G. TARTINI.
J.-P. GUIGNON, dit ROI DES VIOLONS.
N. MESTRINO.
P. GERVAIS.
P. NARDINI.
F. GIARDINI.
G. PUGNANI.
P. GAVINIÈS.

Violons célèbres vivants.

J.-B. VIOTTI.
B. BRUNI.
P. RODE.
J.-B. CARTIER.
A. ROLLA.
F. BLASIUS.
R. KREUTZER.
P. BAILLOT.
J.-J. GRASSET.
Ph. LIBON.
C.-P. LAFONT.
FIORILLO (*sous presse*).

Luthiers morts.

G. DUIFFOPRUCCAR.

Luthiers vivants.

F. TOURTE.

Nota. On est à la recherche des portraits d'AMATI, STRADIVARIUS et GUADNERIUS, etc., etc.
Le prix de la collection de ces 26 portraits est de 60 fr., et séparément 3 fr.

I.er SUPPLÉMENT AU CATALOGUE

DES OUVRAGES COMPOSANT LE FONDS DE MUSIQUE DE J. FREY

Artiste de l'Académie Royale de Musique, Successeur de MM. Chérubini, Méhul, Kreutzer, Rode et Compagnie, à Paris, place des Victoires, N.º 8.

OPÉRAS ou PARTITIONS

fr. c.

MOZART. Don Giovanni. (Texte Italien et traduction française.) en 2 actes.....75

Il Flauto magico (Texte Italien et traduction française) en 2 actes....75

Le Nozze di Figaro. (Nouvelle Ed.on Texte Italien et traduction française.) en 4 actes.....................75

(Nota.) Ces Opéras sont sans aucune altération dans la Musique et au complet tel que l'auteur les a composés.

OUVERTURES EN PARTITIONS.

MOZART. Don Giovanni...................7, 50

... Il Flauto magico...................7, 50

Musique pour le Violon.

ETUDES.

CAMPAGNOLI. (Etudes) ou exercices dans les sept principales positions, Edition présentée à Monsieur le Ch.er J. B. Viotti.............12

CONCERTOS.

KREUTZER, R. Lettre G. en Ré mineur........9

TRIOS.

LAFONT, E. I.er Trio, pour Violon, alto et Basse 6

CONTREDANSES ET VALSES.

BAUDOUIN, chef d'orchestre à Tivoli. 10.me Recueil de contredanses et Valses, pour Violon avec accompagnement de Violon, alto et Basse ad-libitum.............3, 75

MUSIQUE
pour la Basse ou Violoncelle.

DOTZAUER. Trois Duos conc. Violoncelle et Violon. Op. 4.......................7 50

MUSIQUE
pour la Guitare ou Lyre.

fr. c.

GATAYES. II.me Duo (facile) pour deux Guitares. Op. 73.............4 50

Musique pour Forte-Piano.

TRIOS.

BAUDIOT, C. Op. 8 pour Piano, Cor, Violoncelle ou Alto.............7, [illegible]

...... Op. II. N.º I. P.º V.on V.elle.......7, 50

id N.º 2. id.............7 [illegible]

id. N.º 3. id.............7 [illegible]

DUOS.

BAUDIOT, C. Les Regrets. Duo pour Forte Piano et Violone. ou V.le Op. 11. 7 50

Sonates à quatre mains ou duos.

MOZART. Sonate en Ré Majeur ornée d'une page du *fac simile* de la copie de l'auteur...........6

SONATES.

CLEMENTI. Sonate en Si♭ Maj. tirée de l'oeuvre 12.......................6

—— Sonate en La Maj. id. 26....6

DUSSECK. Sonate en La♭ Maj. id. 28....6

HUMMEL. Sonate en Ré Maj. avec V.on obligé [illegible]

VARIATIONS.

LE CARPENTIER. Au clair de la Lune Var.ons faciles...........................3

NÉGREL. Var.ons sur l'air Montagnard de Viotti. Op. 2............. [illegible]

RIEGER. Au clair de la Lune Op. 26....6

CONTREDANSES et VALSES.

BAUDOUIN, et divers auteurs. Le Carnaval de Venise, suite à la collection de nouvelles contredanses, Valses, etc. par les meilleurs auteurs, chaque Recueil est orné d'un titre lithographié représentant le Carnaval de Venise.

N.º 4.......................3, 75

N.º 5. Thèmes de Rossini. 3, 75

N.º 6.......................3 75

MUSIQUE POUR LA HARPE.

fr. c.

TRIOS.

BAUDIOT, C. Op. 8 pour Harpe, Cor, Violon-celle ou Alto........................ 7, 50

—— Op. 11. N.° 1. Harpe, Violon et Vio-loncelle........................... 7, 50

N.° 2...... id.............. 7, 50

N.° 3...... id.............. 7, 50

Musique pour la Flûte.

CONCERTOS.

FARRENC, A. 1.er Concerto en Si Min. Op. 12.. 9

DUOS.

FARRENC, A. Trois duos pour 2 Flutes Op. 10. 9

VARIATIONS et FANTAISIES.

FARRENC, A. Fantaisie sur la Barcarolle Vé-nitienne (*ô Pescator*) avec ac-comp.t de Piano Op. 7........... 6

Suite de la FLÛTE.

FARRENC, A. Variations sur un air allemand avec accomp.t de Forte P.o Op. 9.. 4. 5

—— Variations sur l'air (*ô ma ten-dre musette*) avec accomp.t de Forte-Piano, Op. 11............. 6

Musique pour la Clarinette.

VARIATIONS.

WAN-MULLER. Thême N.° 2. en sol, de Rode Varié pour Clarinette en avec accomp.t du quatuor d'ins-trumens à vent ou à cordes, ou de Piano seulement.......... 7 50

(Nota.) C'est par erreur que cet Oeuvre a été porté sur le Catalo-gue sous le nom de Gambaro.

MUSIQUE VOCALE.

ROMANCES avec accompagnement de Piano ou Harpe
les mêmes avec accompagnement de Lyre ou Guitare

N.os	AUTEURS.	TITRES DES ROMANCES.	PREMIÈRES PAROLES.
198	ANSON.	Eloigne toi.	Eloigne-toi.
199	——	Sargine.	Sargine au printems de son âge.
200	——	Vous devez le voir dans mes yeux.	Envain de l'amour le plus tendre
201	BILLET Xavier.	Le baiser du matin.	A ton réveil la volupté préside
202	BRUGUIÈRE.	Bonheur d'aimer.	Bonheur d'aimer (à 2 voix.)
203	BÉGREZ.	Amour et toi.	Quel est cet aimant qui m'attire
	CORNU.	1.er *Recueil.*	
204	——	Les reproches.	Au coeur sensible qui t'adore
205	——	Romance.	Pour calmer les maux de la vie
206	——	Henriette de Volmar.	C'est donc ici, mon tendre père
		2.e *Recueil.*	
207	——	Les regrets.	Charmans oiseaux
208	——	Romance.	Lorsque le chantre du printems
209	——	id.	Paisibles bois, azile solitaire
		3.e *Recueil.*	
210	——	A l'amitié.	Tendre amitié quel coeur sauvage,
211	——	Je ne la verrai plus.	Ô souvenir à mon coeur
212	——	Le danger d'attendre.	Sous un antique chêne
		13.e *Recueil.*	
213	——	La solitude.	
214	——	Le printems.	Flore avec peine chasse l'hiver
215	——	Un seul instant.	Un seul instant je te vis

Nos	AUTEURS.	TITRES DES ROMANCES.	PREMIÈRES PAROLES.
216	FREY.	Combien je t'aime.	Combien je t'aime
217	GATAYES.	La gloire et le bonheur.	D'Apollon suivant la bannière
218	——	Fuyez n'écoutez pas.	Ô vous, gentilles bergerettes,
219	LYS.	A ma lyre.	Toi dont les accords enchanteurs
220	——	La pastourelle et l'écho.	Assise au bord d'un clair ruisseau
221	LECHALLIER.	L'amante inquiète.	Ô ma vie, sans envie, (à une ou deux voix.)
222	——	Gage d'amour.	Embellissez ma triste solitude
223	——	Avis à une coquette.	A la vive coquetterie
224	LÉONTI.	Le Carillon de mon ermitage.	Croyant jadis tous les coeurs Français
225	——	L'illusion.	Illusion qui charmez l'existence
226	——	Les Chevaliers de la table ronde.	Vous qui voulez être armé Chevalier
227	——	Beaucoup de choses en peu de mots.	Gaston aimait Isauré (à deux voix.)
228	LAÏS.	L'exilé.	Exilé, loin de sa patrie,
229	MONIOT, A.	Les rives du Gave.	Loin des climats qui l'ont vu naître
230	——	Le baiser.	Un doux baiser est toujours
231	MARTINI Donoso.	La naissance du plaisir.	Lorsque le monde prit naissance
232	——	Les jeux innocens.	Brûlant d'une nouvelle flamme
233	PICCINI.	Caroline au berceau de son fils.	Dieu du sommeil
234	P.*** C.	L'amour et l'amitié.	Quel pouvoir inconnu m'entraîne
235	P.*** F.	Rose jolie.	Rose jolie.
236	VIDAL.	Le bouquet.	A l'aide d'un bouquet
237	——	Le départ.	Il est parti
238	——	Je n'aime plus.	Heureux ces jours

NOCTURNES OU PETITS AIRS ITALIENS.

CORNU. R.	Sul margine d'un rio, à deux voix, chanté par M.me Catalani et Garat.

SUITE DE LA GALERIE OU PORTRAITS
DES VIOLONS ET LUTHIERS CÉLÈBRES MORTS ET VIVANS,

Qui se sont distingués dans leur art, soit par des écrits scientifiques et des compositions musicales, soit par la construction et la belle manière de jouer de leur instrument, ouvrage périodique, format carré de Jésus, propre à être mis en tête des oeuvres de musique de ces artistes ou encadrés séparément.

(*Ouvrage présenté à Monsieur Bood.*)

Violons célèbres morts.	*Violons célèbres vivants.*
MOZART, Père.	FIORILLO.
	PAGANINI.

Luthiers morts.	*Luthiers vivants.*
LUPOT.	

2.me SUPPLEMENT.

MUSIQUE POUR LE FORTE-PIANO.

CRAMER.	Le petit rien pièce facile pour le forte-piano	3
FARRENC.(Madᵉ)	Variations sur l'air: *Il pleut bergère* id.	4, 50
CRAMER.	Sonates Op. 7	9
DUSSEK.	id.___ Op. 9	9
—	id.___ Op. 10	9
STEIBELT.	Deux Rondeaux écossais avec violon ad libitum	4, 50
M.C. F.	Délassement de l'étude (32 airs connus et choisis.)	4, 50
WANHAL.	Sonatines avec préludes, et suivies de 6 Écossaises doigtées	4, 50

MUSIQUE VOCALE.

NOCTURNES à trois voix avec accompagnement de Piano ou Harpe
Les mêmes avec accompagnement de Guitare ou Lyre

N.ᵒˢ	Auteurs.	Titres.	Premières paroles.
239	L.ᵗ JADIN.	Aime moi bergère	Aime moi bergère
240	——	Je n'aimerai jamais	Je n'aimerai jamais
241	——	Gentil bouquet	Gentil bouquet dont le jeune

NOCTURNES à deux voix avec accompagnement de Piano ou Harpe
Les mêmes avec accompagnement de Guitare ou Lyre

N.ᵒˢ	Auteurs.	Titres.	Premières paroles.
242	L.ᵗ JADIN.	Le Châtelain d'Arcy	Là bas dans ces tourelles
243	——	Dansez, bachelettes	Au son des musettes
244	——	L'amour n'a qu'un tems	Dites moi jeunes pastourelles
245	——	Prière à deux voix	Ô dieu puissant
246	——	Le nombre trois	Quel est celui dans un humble

ROMANCES à une voix avec accompagnement de Piano ou Harpe
Les mêmes avec accompagnement de Guitare ou Lyre
excepté celle marquées d'un ✤

N.ᵒˢ	Auteurs.	Titres.	Premières paroles.
247	L.ᵗ JADIN.	Surtout ne l'éveillez pas	Charmant ruisseau je t'en supplie
248	——	Monsieur Colas	Monsieur Colas, soyez plus sage
249	——	Suite de Monsieur Colas	Colas sois moi fidèle
250	——	Pour savoir à quoi m'en tenir	Mon dieu comment donc faire
251	——	Je rêve à toi	Je pense à toi dès que mes yeux
252	——	Les fantômes ou Sir Enguerrand	Tout au beau milieu des Ardennes
253	——	Ton souvenir est toujours là	Ton souvenir est toujours là
254	——	Je veux prier mon Dieu ou le Castillan fidèle	Un Castillan les yeux baignés de larmes
255	——	Dodo dodo	Nacelle l'amour de la France
256	——	Henri IV à Gabrielle	Le clairon sonne ô Gabrielle (refrain à 3 voix.)
257	——	Ma brebis a fait un Lion	Réjouis-toi superbe France
258	——	Le Canon du 29 Septembre 1820.	Quel signal se fait entendre
259	——	Le bourdon de Notre-Dame	Bom, bom, j'entends l'bourdon
260	——	Le retour	Noble lys, notre seule espérance
261	——	La fleur et le fruit	A pas lents après l'espérance

262	L^E. JADIN.	Stances sur le Duc de Berry.	Berry n'est plus!
263	—	Ô ma patrie, malheureuse France! . .	Soudain enveloppé
264	BAISSIERES.	Le sécretaire.	Me voilà votre sécretaire
265	—	Je songe à toi.	Je songe à toi dès que parait l'aurore
266	LA GOANÈRE.	Autant qu'il m'en souvient.	Je vous disais écoutez (Bolero.)
267	VIDAL.	Toute la vie.	Toute la vie.
268	—	Dernières stances de Gilbert.	Au bonquet de la vie
269	—	La crainte d'amour.	Qu'est-ce donc que je sens?
270	L. JADIN.	Veux fuir amour	Un ménestrel en plaintive romance
271	—	J'ai quinze ans	J'ai quinze ans je m'appelle Lise

3.me SUPPLÉMENT

MUSIQUE INSTRUMENTALE.

MÉTHODES.

SERPENT.

HERMENGE. Méthode ordinaire et à clef, contenant les préceptes et exercices nécessaires pour apprendre à exécuter la musique et le Plein chant. 15

OPÉRAS en PARTITIONS.

MOZART. La Clémence de Titus (Texte italien et traduction française.) en deux actes. 75

(Nota.) Cette partition fait partie de la Collection des 8 dont ont parues déja *Don Juan, Figaro, la Flûte enchantee, la Clémence de Titus*, restent à publier: *l'Enlèvement du Sérail, l'Idoménée, Cosi-fan-tutti, l'Impressario.* (Le prix de la Souscription est de 24^f. par ouvrage.)

LE SUEUR. ADAM, Opéra en trois actes, suivi du Ciel, grande partition. 60

MUSIQUE SACRÉE.

PLANTADE. Messe de Requiem à l'occasion de l'anniversaire de la Feue Reine. 50

ORCHESTRE.

TURBRI. Ouverture pour Concerts. 6

VIOLON.

DOTZAUER. Trois Duos pour deux Violons et Violoncelle. Op. 4. . . . . 7, 50

VIOTTI. Trois duos pour 2 Violons Op. 2. 7, 50

CONTREDANSES.

MARQUE. Recueil contenant danses et Valses sur des thémes de Rossini pour 2 Violons avec accomp^t d'alto et basse ad-libitum. (et ornée d'une jolie gravure.) 3, 75

ALTO.

MARTINN. Sonates faciles 4er livre. 6

FORTE-PIANO

Sonates à quatre mains.

HÜNTEN. Variations sur un théme de Figaro de Mozart. 6

LATOUR. Ier Duo à 4 mains sur l'air de la flûte enchantée.

O dolce concento (ou soyez sensible) 4, 50

RIES. Di tanti palpiti, Cavatine de Tancréde

— de Rossini. 6

Sonates à deux mains.

CRAMER. Op. 8 deux Sonates. } Format à la Française 9

— Op. 50 la Parodie. 6

— Op. 63 Sonates dédiée à Hummel. 7 50

Fantaisies Variations et Rondeaux.

BEETHOVEN. Variations sur l'air des Mystéres d'Isis (Je vais revoir l'amant que j'aime) accomp^t de basse ou Violon ou Flûte. 6

CRAMER. Var^ons sur un air Anglo-Calédonien. 3, 75

DUSSEK. 6 petits airs variés. Op. 6. . . . . . 7, 50

GELINEK. Var^ons sur la cavatine de Tancréde de Rossini. (di tanti palpiti) Op. 96. . 4, 50

— Pot-pourri sur les airs du barbier de Séville, de la Pie voleuse et de Richard de Rossini. . . . . 4, 50.

HUMMEL. Rondeau Op. 11e. 4 50

— Rondeau brillant Op. 56. . . . . . . 7 50

MOSCHELÈS. Rondeau brillant Op. 14. . . . . . . 4 50

— Introduction et Rondeau sur la barcarole du Carnaval de Venise. 4, [illegible]

678

RIES.	Var.ons sur le choeur des noces de Figaro de Mozart, (Amanti costanti) Op. 66.	4, 50
——	Fantaisie et Var.ons sur la Cavatine des noces de Figaro de Mozart (se vuol ballare) Op. 77.	4, 50
STEIBELT.	Polonaise favorite chantée par Mme Billington.	3, 75
BEETHOVEN.	Variations sur un thême de Haendel (avec accompt. de basse, ou Violon ou Flûte)	6
	Variations sur les Mysteres d'Isis (la vie est un voyage) accompt. de basse ou violon ou flûte	6
CAMIADE.	Sonate avec violon obligé Op. 7.	7, 50
RIES.	Fantansie et V.ons sur l'air des noces de Figaro de Mozart (Non piu andrai.) Op. 51.	6

MUSIQUE
pour Guitare ou Lyre.

FAUVEL.	Methode avec manche et suivie de romances par les meilleurs auteurs.	6
CARPENTRAS.	Variations sur la Tyrolienne avec Violon ad libitum.	4, 50

MUSIQUE VOCALE.
ROMANCES avec accompagnement de Piano ou Harpe
Les mêmes avec accompagnement de Lyre ou Guitare

272.	BLAZE.	Le Matin.	Déja palissent les étoiles
273.	——	Le Soir.	Heure du soir.
274.	——	La nuit.	Des amans, astre tutélaire
275.	JARDIN.	A la beauté	Allez, volez mes vers
276.	——	Oui et non.	Je viens vous consulter
277.	LAFONT.	C'est une larme	C'est une larme.
278.	LYS.	Le Pêcheur.	Sous l'orme au déclin d'un beau jour
285	MOREAU. L.	La pauvre petite.	Fuis de Colin les discours.
286	——	Lisette.	Lisette ramene au chan[illegible]
287	——	Le chant des oiseaux.	Que chantez vous petits oiseaux.
279.	WALSH. TH.	Ô toi qui veilles sur mes jours	
280.	——	Comme une erreur mensongere	
281.	——	La fleur du souvenir.	On raconte qu'en Helvétie
282.	——	Canon à 2 voix égales.	Fleur mourante et solitaire
283.	VIDAL.	Plainte d'amour.	Venez rafraichir ma pensée
284.	——	Raison et folie.	Elle est dévote, elle est coquette
288.	PAËR.	L'amoureux.	Cesse mon aimable Amélie.
289	PANSERON.	On entend le berger	Déjà le jour qui fuit,
	——	La même avec Piano et Hauthois	
290.	——	La chanteuse	Chanter c'est mon bonheur suprême
291.	——	Le retour du chevalier	Soldat vainqueur
292.	BAYLE.	La sortie de pension	Enfin j'ai quinze ans,
293.	BATTU.	La cruelle par innocence	Maman j'ai fait une imprudence
294.	BETHOVENN.	La chatte métamorphosée	Change moi Brama,

CATALOGUE PARTICULIER

DES OEUVRES COMPOSÉS POUR LA GUITARE OU LYRE

FAISANT PARTIE DU FONDS DE MUSIQUE DE J. FREY

Artiste de l'Académie Royale de Musique, Successeur de MM. Méhul, Chérubini, Kreutzer, Rode et Compie

A Paris, Place des Victoires N.º 8.

Auteurs.	*Œuvres.*	*Prix*	
	MÉTHODES.		
FAUVEL.	Méthode élémentaire (ornée d'une jolie gravure représentant une dame pinçant de la guitare) contenant les principes de la musique, un tableau du manche de l'instrument, gammes dans les tons majeurs et mineurs exercice du pincé et du démancher, thêmes et airs variés, romances choisies parmi divers auteurs.	6	
—	Gamme ou Tableau représentant le manche de l'instrument.	1	50
	DUOS.		
GATAYES.	Onzième duo pour deux guitares op. 73.	4	50
LHOYER.	Trois duos concertans id. op. 34.	9	
	SONATES.		
LHOYER.	Sonate pour guitare seule, op. 12.	2	40
LINTANT.	Sonates progressives, avec accompagnement d'alto.	4	50
	DIVERSES.		
CARPENTRAS.	Variations sur la romance de l'opéra Joseph (A peine au sortir de l'enfance). . .	1	50
—	12 Variations sur la Tyrolienne avec accomp. de violon ad libitum, op. 2. . .	4	50
CARULLI.	Op. 85. Divertissement.	4	50
—	Op. 93. Etrenne aux graces, recueil contenant 10 préludes, contredanses avec figures, Valses et trois airs variés (Ouvrage facile et brillant).	6	
GATAYES.	Variations sur l'air: Au clair de la lune.	1	50
LINTANT.	10 Airs variés.	3	75
M. GIULIANI.	Divertissement pour Guitare, avec Flute ou V.on sur un Thème de Rode	2	50
FAUVEL.	L'agréable souvenir, Variations pour Guitare seule	2	50
A. D.	Variations sur le Thême, le songe de Rousseau id:	1	80
G. SISTO.	Divertissement pour Guitare seule	2	

(N.ª) Indépendamment de la musique portée sur ce catalogue on trouvera aussi au même magazin toute espèce de musique ancienne et moderde française et étrangere.

On y vend et loue des instruments tels que Lyres, Violons, Forte-pianos, Harpes, Flûtes etc.

On y trouve aussi généralement tout ce qui est relatif à l'art musical.

Assortiment complet de Guitares et Cordes de Naples, 1.re qualité

www.ingramcontent.com/pod-product-compliance
Lightning Source LLC
LaVergne TN
LVHW052019160826
845678LV00003B/1114

* 9 7 8 2 3 2 9 6 4 1 7 1 3 *